涅槃寂靜　　諸法無我　　　　　有漏皆苦　　諸行無常

生命的實相

以四法印契入金剛乘的
本覺修持

Indisputable Truth

確吉‧尼瑪仁波切——著
Chökyi Nyima Rinpoche

祖古‧烏金仁波切——序
Tulku Urgyen Rinpoche

虛空鏡影——中譯
Tracy Tan

謹以此書，

祈願我等之珍貴導師

怙主烏金仁波切之轉世迅速降臨。

願他的下一世能廣大利益教法及眾生！

目錄

作者簡介

確吉・尼瑪仁波切（Chökyi Nyima Rinpoche）

　　尊貴的確吉・尼瑪仁波切，是當代著名的藏傳佛教上師和禪修大師。他一九五一年出生於西藏，是二十世紀藏傳佛教最為卓著的大圓滿成就者，是被喻為「眾師之師」的至尊祖古・烏金仁波切的長子。確吉・尼瑪仁波切出生後十八個月，被第十六世噶瑪巴認證為噶舉派大成就者——迦竹千大師的轉世，即古印度佛教哲學家龍樹菩薩之化身。

　　確吉・尼瑪仁波切自幼便在第十六世噶瑪巴、第二世敦珠法王、頂果欽哲仁波切、紐修堪仁波切以及父親祖古烏金仁波切等偉大上師的座下學習。一九七六年，年僅二十五歲的確吉・尼瑪仁波切被第十六世噶瑪巴任命為加德滿都噶甯謝珠林寺的住持。自上個世紀七十年代初，確吉・尼瑪仁波切與父親祖古・烏金仁波切一起開始展開全球弘法之旅，蓮足遍及歐美及亞洲等國，為數以萬計的信眾給予大圓滿和大手印的教授與灌頂，以無可比擬的慈悲與智慧，深受弟子們

的崇敬和愛戴。

一九七九年，確吉‧尼瑪仁波切創辦讓炯耶喜佛學院，這是專為想要系統學習和修行佛法的國際學生所創立的一所高等教育機構。讓炯耶喜佛學院提供加德滿都大學的學士、碩士和博士學位，所頒發的文憑受到國際廣泛承認。迄今為止，佛學院培養了大量的佛典翻譯專業人才。同時，確吉‧尼瑪仁波切還創立讓炯耶喜出版社，並已出版發行數百部當代藏傳佛教大師的論著，特別是有關大手印和大圓滿的著作。

近半個世紀以來，確吉‧尼瑪仁波切在管理尼泊爾加德滿都噶寗謝珠林寺、納吉尼寺、帕平阿蘇拉山洞閉關中心的同時，還先後在美國、德國、奧地利、丹麥、英國、俄羅斯、法國、蘇格蘭、烏克蘭、以色列、墨西哥、馬來西亞、越南、加拿大等數十個國家設立禪修閉關中心，令佛法在西方得以廣弘。

確吉‧尼瑪仁波切投入畢生精力，致力於弘揚及保存佛法；他擅長以精要、淺顯、幽默的方式，傳授佛法的核心要義、開啟眾生的本然覺性。時至今日，他依然孜孜不倦地往返於世界各地，親自主持佛學講座，帶領指導閉關和禪修，持續不懈地為大眾帶來智慧的啟發。

前言

　　通過語言文字獲得的理解，僅僅只是智識上的理解而已。能將這些字面的理解帶入實相的範疇，才稱得上是體悟。你也許曾聽說過：「諸行無常」（一切因緣和合的事物都是無常），但只是把它掛在嘴邊便落入了智識理解的範疇。

　　對任何能看見、能思考的人來說，諸行無常是個顯而易見、毋庸置疑的事實。這一點是絕對不用懷疑的。同樣毋庸置疑的是「有漏皆苦」（一切染污的事物都是痛苦）。「有漏」主要指的是十種不善的行為，幾乎可以肯定都是造成痛苦的直接原因。「諸法無我」（一切事物都空無自性）指的是空性本身。靈性修持的果實就是「涅槃」，字面意思就是「超越痛苦」。涅槃是一種偉大的寧靜，是解脫和證悟，是全知的佛陀果位。

　　涅槃可以理解為不同的層次：獲得解脫是有餘涅槃，得

證全知的佛果則是無餘涅槃。從字面意思上理解,「超越痛苦」的意思是超越生命週而復始的輪迴苦痛,請勿將它簡單地看作死亡過程中的逝世。有餘涅槃指的是往生殊勝的淨土,永不再退轉輪迴,是從輪迴中解脫而得進入佛土。而全知的佛果,指的是已經到達此處的行者,繼續穿越剩餘的道路,在真實圓滿的證悟中覺醒。因此,涅槃這個詞同時含有解脫和全知的佛果兩層意思。

在一首著名的祈願文中,有這樣一句偈頌:「不墮於有不住寂,願度虛空廣大眾。」「墮有」是指墮入輪迴,「住寂」是指停留在寂滅的消極狀態中。這就是為什麼你常常聽到:一個行者不單單只是從輪迴中覺醒證悟,你需要超越的是輪迴的存有和消極的寂滅這兩邊,此二者並非真實究竟的狀態。

超越寂有二者不僅僅是超越輪迴的因:三毒或者五毒;也包含著放下對於寧靜安詳的執著,而以解脫一切有情眾生為己任。這才是真正的成佛之道。

當你獲得了二重成就,清淨了二重蓋障:煩惱障和所知障,並能展現二重的證悟,也就是佛的二身,你就真的超越

了寂有二者。換句話說，經由聲聞乘或緣覺乘的道路所獲得的那種超越三界輪迴的寂靜涅槃，並非是修行的終點，它離究竟圓滿的證悟尚有一段距離。假如你真的希望在此生中能超越輪迴的存有和寂滅的涅槃，金剛乘為你提供了這種可能性，它提供了消除二元執著：最細微的所知障的方法。聲聞乘和緣覺乘無法完全清除這種所知障。聲聞乘和緣覺乘重新訓練你對於觀察者、所觀察的對象以及觀察本身的概念，而這恰恰是金剛乘在第三灌頂中要去超越的東西。

經教乘的術語稱它為「諸佛無上頂髻之灌頂」。這時候，從諸佛的頂髻中放射出光明，碰觸到菩薩的頭頂，究竟的證悟佛果由此傳遞給他。在此之前，菩薩們仍然還有一些細微的所知障。

假如你想在此生中即能「不墮於有不住寂」，就需要了悟真正的見地，並且真正精進地於此修行。當你能做到極致，你也就走完了成佛之道。你可以在此生就穿越這整條道路，即使沒有做到，仍然得以投生淨土，比如最高界的金剛焰寒林。投生於彼之後，通過第三灌頂的修持，走完修行之道，圓滿證悟。

綜上所述，在經乘的教導中，再沒有什麼比本書所講解的四法印更重要的了。

關於「有漏」和「無漏」這個字眼，我還要多說兩句。「無漏」指的是遠離十種不善的行為後所獲得的真實三摩地（禪定）。在金剛乘中，無漏的修持包括本尊觀想、持咒及禪修三摩地。但老實說，即便是這樣的修持本身也可以是有漏的或無漏的，差異就在於修行者的態度。在你的靈性修持為菩提心所擁抱的那一刻，馬上就成為無漏的修持。反之，任何所謂的善行在你忘失珍貴的菩提心的那一刻馬上就成為有漏的。事實上，擁有禪定和慈悲的任何行為就是真實的證悟之道。假如你還不了解真正的三摩地，至少你可以勉勵自己，盡量生起真誠的慈悲心和珍貴的菩提心。

本書將佛陀廣大深奧的教導濃縮為心要口訣，請大家用心來讀。

怙主祖古・烏金仁波切
（Tulku Urgyen Rinpoche）口述
一九九五年，納吉寺

生命的實相

1 禪修

　　我們慈悲的導師釋迦牟尼佛所教導的八萬四千法門，可以被歸納爲四法印。在這本書中，我將盡我所能來解釋這四法印。

　　在開始正文之前，我想先講述一下佛法上師和弟子的資格條件，我們可以跟隨不同類型的老師學習，同時需要將聞思和禪修結合起來。

四種上師

　　導師，有時候也稱爲「善知識」，應該具備許多的優秀品質。簡而言之，他應該已經如法的完成了佛法中每一乘有關見、修、行、果的聞思修習。一位對空性的見地擁有確信和親身體驗的導師從不會傳授錯誤的法義，就算在遣詞用句中會有些輕微的瑕疵，見地穩固者也能馬上更正不準確的描

述。

　　一位善知識肯定需要圓滿聞思修三學，而我等做為弟子，也絕對不要將此三者分離。光有聽聞是不夠的，聽聞的法義需要通過思維而穩固地根植於心。思維指的是什麼呢？你必須去檢視和研究這些教導，從而區分何為「語」，何為「義」？研究這些語言文字及其所蘊涵的深義，理解這些教法的目的和利益——真正深入思考，吃透它。這種思維方法將釐清對法教的理解。

　　倘若缺乏一定程度的聞思，我們對於上師和證悟者們的虔敬心容易反覆無常，同樣的，對於他人的愛和慈悲也往往是短暫而易變的。尤其是和究竟實相所相關的見地，離開了聞思，是很難真正穩固的。缺乏如法聞思的基礎，很容易就會被疑惑和猶豫所干擾。也許你不會持有徹頭徹尾的邪見，但是微細的錯謬見地很容易就會悄然生起。因此，通過聞思對教法生起一定的智識理解是很重要的。然而僅僅停留在聞思的層面，那麼也僅僅是智識的理解而已。毫無疑問，禪修訓練是必要的。在這裡禪修指的是將聞思轉化成親身體驗的過程。

說到精神導師，當知有四種老師，都是不可或缺且能給我們帶來廣大利益的。在本書的後面我會詳細說到這四種老師，因此這裡只簡略地提一下。第一種是「現世傳承上師」，指的是一位具有傳承的人身上師。第二種是「聖者經教上師」，包括佛陀的開示以及歷代博學的成就者。第三種是「經驗表徵上師」，也就是我們生存於世所獲得的親身體驗。若要完全了解佛法所說的應當厭離輪迴的教導，就需要理解輪迴存有的本質是什麼。而通過瞭解我們自己日常生活體驗的性質，就會慢慢認識到輪迴存有是多麼的徒勞無益和不可依賴，不可以寄託希望。通過這樣的方式，普普通通的生活也成爲教導我們無益和無常的上師。這就是「經驗表徵上師」的含義。

　　我們需要去遇見、追隨這三種上師，並接受他們的指引。但究竟而言，只有一種眞實的上師，就是我們證悟的本質、自身本俱的覺醒，也稱之爲「究竟體性上師」。六道一切有情生靈都具備這個證悟的本質。六道中的三惡道，地獄、餓鬼和畜生，同樣具備證悟的本質——佛性。但由於他們所處的不幸境遇，比如拿畜生道來說，因爲無明愚痴，就

無法通過修行來證悟佛性。然而，任何能夠體驗並了悟證悟本質的人，就真的能夠獲得圓滿的佛果。不管我們有多少痛苦和迷惑，只要能將自身的佛性帶入體驗中並不斷修持，就一定能證悟；但若不能夠體驗和了悟證悟的本質，就無法獲得圓滿的佛果。要想遇見、了悟證悟的本質，就需要聞思，最重要的，還需要禪修。

這個「究竟體性上師」，每個眾生都具足，無一例外。儘管如此，我們卻不承認它，也不認得它。這就是為什麼說它為無名的障幕所覆蓋。在此不得不借用這樣的譬喻，就好像有什麼東西被藏起來了而我們需要能看見它。由於我們的內在體性被關在二元執著的牢籠裡面了，就需要去打破這個二元的體驗。現在，讓我們來檢驗一下這句話的真實性。

破除二元執著的安止

說到打破二元體驗的牢籠，除非運用一些方法和技巧，不然是絕無可能發生。最好的方法當然是不需要刻意努力的，但這個無法教會。就算你去試，這種無需費力的狀態也不會自動發生，無法隨意生起。然而在我們只是讓自己處於

遠離二元狀態的那一刻，二元體驗的牢籠即會分崩離析。從另一個角度看，凡俗體驗的每一個瞬間，都受制於習性和因緣條件。我們當下的習性是受著刻意努力的操控，就不得不利用現在這種刻意的習慣，試著通過作意的努力最終達到無作的境界。

當至親好友間試圖安慰對方、減輕對方的痛苦時，常常會說：「放鬆，別擔心。」這真是一個人能說的最棒的話了。放鬆，尤其是精神的放鬆，是最基本而又及其有益的。人類的天性傾向於努力耕耘去獲取物質財富、感官享受、美名和他人的欣賞，常常把自己搞得過分緊張和抓狂。除非我們能夠學會放鬆，抓得不那麼緊，不然和這些財富與享受的關係，就會變得很空洞，缺乏內涵，幾乎像機器人那樣。

當一個人的心正在忐忑不安時，聽到一句充滿了慈愛和真情的「放鬆，別擔心」是很有幫助的，能令事情大為改觀。告訴別人放下放鬆，能產生一種平和感，不僅對人類是如此，對動物也一樣。當你臉上帶著真正的慈愛，和善的輕拍動物時，這令牠們感到安心自在。因此最重要的就是用愛和慈悲的舉止，表達出溫柔和愛心。於此背道而馳的則是充

滿憤怒和攻擊性的對待他人。

　　這就是為什麼圓滿證悟的佛陀，教導大家「平靜安住」。事實上，止的禪修，聽起來就是在講「放鬆，別擔心」。當我們彼此提醒「放鬆」時，這一個詞就有力量，能產生深遠的影響。大多數運用這個字眼的人並沒意識到「放鬆」真正的深義，口上說「放鬆」，但令我們無法放鬆的，從粗略的層面來講，就是煩惱；從更細微的層面來看，阻礙我們的心全然放鬆的，是潛意識中的妄念驛動，一種幾乎難以覺察的概念性的妄念潛流。

　　當佛陀開示止的禪修：「平靜安住」時，他給予的是充滿愛心的建議。他告訴我們應該與自己和平共處，如同不被煩惱波濤所攪動的大海。心被煩惱的情緒佔據得有多厲害，就會相應產生多強烈的痛苦、不安和沮喪。中等程度的煩惱產生中等程度的痛苦感受。就算僅僅存在概念潛流，一種潛意識的妄念流動，也能令我們無法完全放鬆，保持不了止禪的平靜狀態。因此佛陀說：「全然自在的安住，遠離一切煩惱，遠離一切妄念驛動。」這種修持被稱為奢摩他：止禪，在佛經中的教導詳細得令人瞠目。所有止禪的修法可以被概

括爲兩種：有所緣對境的安止和無所緣對境的安止。

對於初學者來說，只是處於平靜的狀態，心無所屬的平靜安住是有困難的。由於心中老是持有一個對境的習性，我們所有的活動和想法都是二元的。因此止禪的修持從心中持有某種概念或對象開始，不是複雜的、多重的專注點，只是一個簡單的對境。

最爲廣泛接受和普遍運用的有所緣對境的安止方法，就是將注意力集中於自己呼吸的出入，或者像是一塊小石頭、一根木棍、一尊佛像等類似對境上。將心專注於某個簡單的對境，可以避免心爲其他事情所佔據。不需要去預測未來、追溯過往、沈溺於這樣或那樣的煩惱不安中，或者反覆思維所選擇的愛憎對象。專注於一個對象，就可以感受到平靜、放鬆和安適。

想像一隻被關在四面都有開口的小盒子裡的猴子，牠眞的沒有片刻安寧，不斷將腦袋從四個開口中探出來，如此快速頻繁，以至於從外面看上去彷彿有四隻猴子。我們現在心的狀態和這個不得安寧的猴子相似，從這一刻到下一刻，皆不在同一個地方逗留。心從頭到尾都很忙，不斷思考。當我

們用這種方式做安止的禪修，將注意力集中到一個對境上，時間一久就能習慣於這種新的習慣模式。這就是使得我們有可能獲得穩定安寧的心靈狀態「安止」的方法。

　　和焦慮不安的心靈狀態相比，專注、放鬆和平靜的狀態要好得多。你馬上就能看到這種利益：在心簡單的專注於一個對象的那一刻，翻滾著的妄念和情緒的波濤就消失了。用這樣的方式來禪修就好像是小憩片刻，這個時段令我們寧靜平和，對自己感覺良好。但當注意力游散，心中忘失了所緣，心就被擾亂，那種自在的感受也隨著消失。當你又記起該專注的對象時，繼續回到禪修中，心中的平靜又會重現。

　　在禪修練習時，請不要認為二元執著已不存在；它尚未分崩離析。然而，在專心致志地平等安住的此刻，你就遠離了粗重的煩惱，遠離了貪瞋痴。舉例來說，當專注於一瓶鮮花的時候，我們並沒有要和這瓶花做對，卻使勁地討厭它們，那就是瞋惱；也沒被它們所吸引，就認為它們是多麼漂亮，那就是貪著；也不是對它們無動於衷，那就是愚癡。雖然心遠離了這三種情緒粗重的表達方式，但這中間仍然有某個焦點，有「自」、「他」，以及「我在專注」這件事。只

要你還保有主體和客體的觀念，就還存在二元執著。因此，就還不是一種圓滿的三摩地，也絕對不是心覺醒的狀態。然而，和通常心攪擾的狀態相比，有所緣的安止要好得多，因為遠離了粗重的煩惱。

　　作為初學者，我們需要專注於所緣的對境，但需要了解的是，只要心還專注於某個對象，就還算不上圓滿。決定「我要將注意力專注於一件事物」的確甚為有益，但若能無焦點地簡單安住於一種全然開放的狀態中，遠離任何參照物則更棒，這是第二種安止的方式。你只要還在專注於一個特定的對境，就還會保留「自」和「他」這樣的想法，也就是「專注的人」和「所專注的對象」，這中間仍然有某種程度的執著和抓取。在佛法中，二元的執取是輪迴存在的根源，因此，尚且保留著二元執取的禪修練習並不能稱為圓滿，還只是一塊墊腳石。正如不在小學一年級學會 ABC，就沒辦法開始閱讀一樣，一旦熟習了有所緣的安止，要再學會平靜安住於無所緣中就變得十分簡單。當我們的注意力不再被情緒、妄念、概念所攪動，遠離一切參照物、無焦點的安住，這就是無所緣對境的安止（奢摩他）。

清晰的洞見

　　當你發展出這樣的安止，下一步就是用清晰的洞見——毗婆捨那來擁抱它。僅僅修持安止、保持平靜，還不足以從輪迴存有的三界中獲得解脫。因此仔細地研讀教法、思維教法，清楚地了解該如何修持就變得至關緊要。如果不這麼做，簡單的認為安止就是究竟的禪修，即使你的安止極其穩固，卻可能永遠無法超越「無色界天禪定」的輪迴狀態。你也許會在這種禪定中待很久，但當禪定的體驗最終退失時，將不免又落回輪迴之中。因此一定要小心，要有清晰的洞見。

　　奢摩他禪修自有其利弊，好的一面和糟糕的一面。好的一面在於它遠離了一切煩惱，遠離了令人飽受折磨的三時妄念之驛動；糟糕的一面在於它本身無法帶領我們從輪迴中解脫。只有被毗婆捨那所擁抱時，奢摩他禪修才成為解脫之因。一切諸佛的證悟都被描繪成止觀雙運，而非僅僅是安止本身。

　　重申一遍，首先，當我們不為煩惱和妄念所牽扯，馬上

就會有一種平靜感，一種痛苦緩解的感受。安止的狀態不沾染過去、現在、未來的妄念，不去思考三時之事，就能遠離煩惱。安止之外，還有勝觀（毗婆捨那）的禪修，意思是「清晰的洞見」。我們心的本質、內在的體性，是空性和認知不可分離的覺醒狀態。除非對這個本來的覺醒狀態有一定的清晰洞見，否則僅僅平靜安住於寂止的狀態，從根本上來說是一種無明。我們需要做的可不只是遠離煩惱和妄念驛動。雖然這種體驗棒極了，寧靜的覺受本身卻並不足以洞見自心本性。本自俱足的覺性、空性和認知的雙運，完全遠離對於主體和客體的執著，平等安住於此，即稱為「止觀雙運」。因此，保持背部的正直，停止說話，不要試圖強迫或者控制你的呼吸，就讓它自然的出入。一切諸佛的證悟皆是止觀之雙運。

佛陀根據眾生的不同種類給予了不同程度的教導，我們需要運用的是適合自己的教導。如果你懂得如何修持止觀雙運，就應該如此去修持；如果你覺得修持無所緣對境的安止更力所能及些，就應該如此去修持；如果你覺得這很困難，你必須專注於一個對境，注意力才不會跳來跳去，那麼就去

修持有所緣對境的安止。應當有自知之明，量力而行。認爲自己可以去做一些尚未理解的修持，這樣子自欺欺人是沒有用的。誠實地依於自己的水平來做相應的修持，就沒有浪費你的禪座。

禪修的訓練和一般認爲「我在這裡，剩下的世界在那裡」的概念想法背道而馳，和我們通常的心識狀態完全不同，因此通過學習和思維，徹底消除對於正知正見（亦即對事物實相的正確了知）的不解之處、錯誤見地和疑惑，是必不可少的。若能對正確的見地生起確信，並將其運用於禪修練習，哪怕是短短的一段禪修都會有很大的效用。相反，假如對於事物的內在體性未能生起眞實的見解，那麼不論如何精進禪修也不會有太大效果。總而言之，不要將聞思修三者分離，這三者能掃除一切不解、邪見和疑惑的過失。

諸行無常

交代了以上的導論要點之後，現在進入這本書的主題：四法印，佛陀的一切教導都概括於以下四句偈頌中：

諸行無常

有漏皆苦

諸法無我

涅槃寂靜

　　第一句中的「行」，指的是任何依賴於因緣條件的事物。我們的所有感受——可見的色、聲、香、味、觸，簡言之，整個世界都是行（因緣和合）。即使最微小的原子也是因緣和合。整個宇宙流轉於成、住、壞、空。任何生起的現象——山川、植物、樹木、花朵、有情和無情，皆是無常；沒有什麼能永恆不變，每一件事物都是無常，這是事實。藏文中「無常」的意思是不持久，隨時會變化，易壞的，轉瞬即逝，如過客，如水上的泡沫。佛陀說：「水上的泡沫看上去像是就在那裡，好像是存在著，但下一瞬間就消逝不見了。一切事物也是如此，每一個瞬間都在改變。」

　　大多數人從未質疑過自己的日常體驗，接受任何所能感知的都是真實的；如果不加檢視，就永遠不可能穿透這一層幻象而看見事物的真實狀態。我們會將一切無常的事物看作

恆常，將不眞實的事物看作眞實無虛——這種看待事物的方式是何其膚淺、錯謬和不幸！事實上，這整個世界，所有的人類和眾生，以及我們內在的感受和想法，我們的快樂、痛苦和不苦不樂的感受，每一刹那都在變遷，從來也不能持久。這是事實，是事物的實相。將無常的事物當作爲恆常是錯謬的，承認它不能持久是無謬的。將無常的事物認作恆常是一種迷惑的心理狀態，一種錯誤的態度。一切現象的本性就是無常、非眞和虛幻不實的。僅僅能承認這一點就是不被欺騙。簡單的總結這兩種觀點的差異：前者，將無常事物認作恆常，是不完美的、有缺陷的、不正確的、錯謬的；後者，不將事物當作眞實和恆常的，是正確的、無誤的、眞正的見地。

當我們認識到諸行無常，就會有一種什麼也抓不住的失措感，會覺得找不到任何可靠的依怙。這時候，慣性的執著事物爲恆常、爲實有的習性就開始分崩離析，而此執著的分崩離析則爲無謬的狀態提供了餘地。總之，若一件事物是因緣和合的，就是無常的。

不僅如此，有生必有死，有合必有分，積聚必消散。同

樣的，任何所造物、任何造作、任何成就，譬如讚譽、盛名以及財富，有朝一日都會消耗殆盡，消逝不見。要想找到一樣因緣和合卻又恆久不變的事物，是不可能的。

相信事物持久而眞實是一種愚蠢的習慣。事物既非恆常、亦非眞實，因此這種想法是錯謬的，它和事物的實相不相關，事物本身非常亦非眞。通過分析就能了解一切事物都是無常，這樣的認知適用於任何事物，包括你自己。

健康是無常，人們隨時都可能得病。疾病也是無常，是可以痊癒的。生命顯然是無常的，最糟糕的莫過於死亡之必然。死亡是一個令人厭惡的名詞，意思也令人厭惡。再也沒什麼比對人說「去死吧！」更糟糕的話了，也沒有什麼比死屍更令人反胃的了。一位身居重位或長得漂亮的人將死之際眞讓人感到可憐，不管是趨於死亡，還是已經死亡，這具身體都讓人厭憎。而且我百分之百的確定，同樣的事情也會發生到我們頭上。

是什麼在臨終之際或者死後對我們會有所幫助？既然我們早就有了爲未來打算的習慣，這一點一定要搞清楚。我們不是一直通過自己的念頭、話語和行事來確保將來能夠有舒

適的條件嗎？為了未來的安全感、舒適、安逸和快樂，我們不是一直把自己當僕人一般驅策嗎？

　　有些人覺得，自己只要有個好名聲就足夠了，一點也不在乎是否很窮、是否有可口的食物。但當他們的名聲毀壞的時候，就會心臟病發作而死去。每個人心中都有自己的快樂藍圖。一些人的目標是得到他人的讚賞，另一些人希望擁有物質的享受。誰也不需要去培養這種傾向，它們自然就會生起。我們以「物質的收益」、「得到他人的讚美」、「擁有美名」和「享受」為快樂；當和這四者相反的情況發生時，就不快樂。這些被稱為「世間八風」，大多數人一輩子都被世間八風所左右。他們一心一意，鍥而不捨的服務於此八風，此生似乎永遠無法跨出期求和恐懼的怪圈。意欲成就某些持久而真實的事物的動力，來自於認為事物持久而真實的想法，這個錯誤的想法讓我們去抓取空洞的幻象。不管我們想要成就的是什麼，都無法持久。

　　我們試圖掌控局面，控制感官欲樂、名聲和物質財富，努力的結果卻是從來也無法真正掌控些什麼，其實連自己的身體都照管不了，最終，身體將會被火與水吞噬，或者為蠕

蟲所啖食。更別提其他的如金錢、享受、衣飾、美名等等，無一例外；也並非有人能掌控這些或有人不能，大家的情形都是一致的。

此生的一些問題，一些事情不按我們想要的發生，讓我們不住地抱怨。然而我們其實擁有許多自由，也許不能說是百分之百的自由意志，但真的對於自己的行為有許多選擇權，這種自由將延續到最後一口氣。然而死亡降臨時，投生於何處是我們所無法確定的。這時的掌控者就是各自所造的業、煩惱和習性了。死後的情形和現在不同，無法決定到哪裡去、做些什麼。我們完全不能確定死後會流落何方、會有多少雙手腳，以及會吃些什麼。那時候唯一的幫助就是我們現在所能做的，在當下就能做的。現在我們有能力了解和辨別是非對錯；也能夠在某種程度上了解並明確自己的煩惱和所作所為；也能或多或少的改變和克服自己的負面習性。此刻我們有一定的掌控能力，如果不能在現在擁有的時候善加利用這種力量，在無力的時候情況絕對會困難得多。

有一句諺語說：「生命在我們忙著準備如何過好的時候就用完了，因此不如準備好下一生。」這句話的意思是，人

類的本能是老想著安排好將來的快樂和舒適，我們用一生的時間來做這件事，但在忙著爲未來籌劃的過程中，生命已經走到盡頭，接著就是死亡。因此若你要做準備，爲來生做好準備會有意義得多。

我們在什麼時候、什麼地點、用什麼方式死亡是完全無法預測的。一般人都知道傷心能致死，但有些人則因高興過頭而死亡。當然有很多人中毒而死，但也有些人死於用藥。有人餓死，也有人撐死。有些人在痛苦的狀況下死去，有些人在萬事順利、享樂中死去。有人登山失事、由高處跌死，也有人僅僅摔下二、三級台階而死去。何時和如何死亡是完全不確定的。

在無常中展開修持

佛陀教導說宇宙中的三千大千世界都是無常。在這個星球上共同生存的所有人類和動物，就像是暫時棲息於同一棵樹上的群鳥。我們所在的這個世界先是形成於虛空，住存一段時間後，終將毀壞，最後變得空空如也，連一顆原子都無法留存。傳統的說法是世界將毀於「七個太陽與一次大

水」。《阿毗達磨俱舍論》解釋了這世界的海洋乾涸需要多久時間，取決於其深度。植物和樹木幾乎馬上就會枯死，但大海完全乾涸則需要很久的時間。最終的結局是沒有任何東西能留下來，就只有徹徹底底的空無。到那個時候，生活在這裡的所有眾生都已經轉生到其他宇宙。

　　佛陀無法向我們展示任何因緣和合卻恆常存在的事物，我們也找不到如此的事物。無常可以分為粗大的無常和微細的無常。粗大的無常包含了宇宙的成住壞空四個階段。但還有一種更微細的無常，唯其微細，難以了解。比如說，在許多的皺紋爬上臉龐前，人們不會說自己變老了。實際上在每一個剎那皺紋都在悄悄的入侵，緩慢地但是不斷地增長。然而除非皺眉爬滿了面龐，否則人們不會說你老了。因此我們不承認一個年紀輕輕、充滿活力的人正在老去，不會說：「哇，你真的變老了，看上去不再年輕。」誰也不喜歡聽到別人對自己說這些話。其實大家都知道，衰老是不可避免的。但我們試圖避免老去，在臉上塗抹潤膚水和乳霜，以免自己老得太快。誰都不希望變老，誰都不喜歡無常。然而不論皮膚的狀態和表面是否有變化，身體還是在老化。無法

改變的是壽命正在慢慢縮短的事實，僅僅試圖改變外表是很空洞的。對於青春的熱愛和衰老的厭惡來自於對無常這個事實的排斥。

即使我們不願意死去，但還是無法逃避。死亡之際什麼也無法帶走，心識只能獨自上路。我們的心識將依賴於它善惡的習性。如果一顆心中只有少許負面業力和煩惱，就被稱為純潔的心、品質高尚的心靈；如果有許許多多的煩惱和惡業，就被稱為邪惡的心。一顆邪惡的心將製造許多痛苦，一顆純淨的心則沒多少痛苦。就像我們如果度過了非常令人享受、安逸的一天，晚上也能好夢安眠，對吧？假如白天充滿了焦慮和爭鬥，那麼夜裡的夢境中也會充滿困擾。這就是所謂習性的養成。一個人的煩惱和行為在含藏識（阿賴耶識），也就是一切種子識中留下了習性的印記。這種煩擾的心理狀態需要即刻被清淨，因為萬事皆無常，沒有什麼是穩固和確定的。我們可以告訴自己：「明天，或者以後，我要將忙碌的心安頓下來。」但是明天有許多種。有一種明天和當下的體驗看起來非常類似；還有一種明天是在夜晚死去之後，發現自己落在一個完全不同的地方。

這句話，諸行無常，是一個不得不承認的事實。這中間有不少好處。當你知道和合的事物無法持久，通常對於物質收益、享受、名聲和讚譽的迷戀傾向將得以鬆動。而當將事物認作恆常和真實的執著變得不那麼強烈，我們的心就會更加輕鬆自由。你越是不顧一切地想要，著魔似的用力抓緊事物為恆常真實，你就越是痛苦不堪。如果少一些抓取，就能少一些忙碌和衝刺。

隨著對此生安樂的執著和攀緣的減少，我們開始能慢慢品味事物的真實本性，在佛法中稱之為究竟實相，並由此展開靈性修持。對於佛法的興趣，使得我們開始通過聞思修來品嘗法味——不止是那種淺嘗輒止的小興趣，而是強烈深厚的興趣。對於無常的真實了知令我們毫無動搖，不會從佛法修持中退轉。煩惱、瞋恨和貪欲都將減少，因為你開始這麼想：「這有什麼用呢？任何事物皆非恆常不變的，所以為什麼要費心煩惱？」你開始覺得沒有什麼世間俗事值得去奮力尋求，那都是毫無意義和徒勞無益的。這種態度隨著時間的推移會越來越佔上風，對於證悟究竟的實相極有幫助。因此，對於無常的思維具有多重意義：首先，它能令我們淺嘗

法味；隨之對佛法生起強烈的意樂，並開始實際的修持；最後，它是圓滿修持的最佳工具。

　　我剛剛解釋了佛陀四句箴言，或者說四個毋庸置疑的實相中的第一句：「諸行無常」，讀到這裡屬於學習的部分。接下來，你需要去審思並詢問自己：「一切事物是否是無常的？那究竟是何義？」這是屬於思維的過程。最後，禪修的部分即是將對於無常的認知運用到自己身上。其結果就是你開始強烈意識到「我並沒有太多時間可以浪費了！」人類的壽命最多不過八九十年，但連這個也沒有保障──我們隨時都可能死去。當你沒有善加思維無常的事實，就會拖延；而當你清楚的看見無常的事實，就完全沒辦法延誤靈性的修持。有兩個傳統的例子可以表明這個觀點：一個膽小鬼發現自己腿上爬了條蛇，和一個愛漂亮的女孩發現自己頭髮著了火，這兩人都會毫不猶豫的馬上跳起來。我無法強調對於無常的了知有多麼的重要，雖然它聽上去確實不好過。說萬事都是恆常的、永存的、沒有死亡、沒有疾病、沒有痛苦會悅耳得多。這聽起來太棒了，極其令人愉快，然而不幸它是完全錯誤的。我們就是會生病，會受到傷害，會痛苦，會死

亡。好好想一想！假如你能找到一個事物既是因緣和合又是恆常不變的，請告訴我。

學生：「仁波切，你所說的三種煩惱，也就是內心的三毒嗎？」

仁波切：「是的。三毒指的是瞋恨、貪欲和愚癡。如果說到五毒，除此之外還包括傲慢和嫉妒。若說到六毒，還要加上貪婪或吝嗇。這些煩惱可以被細分，乃至八萬四千種這麼多。」

學生：「當聽聞了佛法開示之後，是獨自思維教義更好，還是與他人討論更好？」

仁波切：「兩者都可以。有時候你可以自己一個人端坐思維所聽到的教法，這非常好。有時候和別人討論也很好，但若起了爭執就不好。」

學生：「當您講到安止和勝觀時，我在想，安止的禪修是否將會自動轉化為勝觀的禪修，還是這兩者都必須經由學習而來？」

仁波切：「這種情況不會自動發生。你需要接受指導。

除了安止修以外，也需要學習勝觀的修法。」

學生：「是否需要依照順序，學完修安止再學修勝觀？」

仁波切：「肯定需要。」

學生：「您能解釋一下如何讓安止和勝觀在修持中齊頭並進嗎？」

仁波切：「勝觀，清晰的洞見，指的是安住於根本的覺醒之中，也是當下兩者並存的無上智慧功德：如所有智（如是了知萬法體性的智慧）、盡所有智（遍知萬法的智慧）。而安止，則僅僅是平靜安住，不為情緒和妄念所攪擾，與凡夫完全混亂的心智狀態相比，至少有百分之四十到五十的清晰度；然而，和佛陀的心智狀態相比，就沒什麼了不起了，顯得模糊而遲鈍。如何做到讓安止和勝觀相結合、止觀雙運呢？首先，在安止修時，訓練自己寧靜安住，不受妄念和情緒的打擾。在這種狀態下，我們的心並未被粗重的二元執著所佔據，然而還是有一種細微的概念或者感覺：有一個所安住的對象和一個能安住者，還有一個能覺察或平靜安住的東西。在這種平靜的狀態中，並沒有一個粗重的安住者，正因

為心不在那種粗重的狀態，才會感覺良好。但這其中尚有某種微妙的安住感。那麼，到底是一種什麼狀態呢？真的有一個在平靜安住的東西嗎？有一種能被捉摸到的寂止嗎？安止的狀態通常帶有某種細微的留戀，細微的執著。

「在一開始培養安定的感受是很好的，在達成這一步後，卻要去摧毀它，打破這種流連於寂止的狀況。這麼做的唯一方法，就是通過勝觀，清晰地洞見可供（心）佇留的對象和佇留者都不存在。沒有任何其他方法能將如此細微的執著連根拔起。」

學生：「勝觀的實際修持是什麼樣子的？既然它不是一種概念上的訓練。」

仁波切：「我們的根本狀態、內在的本體，無需我們費任何勁，你可以把它稱為佛心。佛心遠離二元的體驗，二元的感知。那裡沒有『我』。有關『我』的觀念執著消失了，平息了。覺性依然在，它是空性和慈悲的雙運。沒有覺性，就不可能有無上佛智的功德。換句話說，通常的我執傾向，執『我』為有的觀念，是一種二元的體驗。只要有二元體驗，就有貪愛和厭惡。有了貪愛和厭惡，就會有愛與憎，歡

喜和憂傷，希求與恐懼。爲什麼會這樣呢？你可以說那是一種自然屬性，一種缺陷，所有這些都只是我執的後果。與之相反的心靈狀態在佛法中稱爲無我。無我是證悟或遍知的狀態，也具備某些功德特質；如果它完全缺乏任何功德特質，我們爲獲得證悟所付出的任何努力將完全沒有意義。佛心的狀態、我們的內在體性，超越了智識和概念的範疇，它也無需吹灰之力。但爲了證悟它，爲了能達到那種超越概念和努力的狀態，我們需要運用智識，刻意運用某些方法。

「只有當眞品和贋品很相似的時候，才可能以假亂眞。如果二者不相類似，我們就不會犯這種錯誤。同樣的，我們的心中也有眞有假，因爲無法辨別，才會把假的錯當成眞的。

「你需要去證悟的，是那種全然遠離概念與智識努力的狀態，不落二元藩籬的佛心。這個才是眞的。還有一種情況看上去和它很像，很接近，那是一種沒有概念的心識狀態，類似於恍恍惚惚、心不在焉、一片空白、失去覺察、沒有念頭和情緒。如果你不知出於什麼原因，認爲那種狀態就是眞實的證悟狀態，可就犯了難以置信的大錯。這是我們需要學

習和思維佛法教導的主要原因。

「這樣來看吧：如果你去購物，了解哪件是真品、哪件是贋品非常重要，對吧？假如在光臨店舖之前，就能搞清楚真假的區別，那就絕無問題。由於假貨往往看起來和真貨差不多，我們就容易犯錯而欺騙自己。因此至關緊要的一個問題就是：無概念的狀態究竟是什麼樣的？現今市面上有這麼多佛法書籍，你可以讀到內在體性是什麼樣子，佛心又是什麼樣子，是超越概念、無法言喻、不可思議、不能描述……，等等等等。僅僅想著『好吧，佛心是超越概念的』遠遠不夠，我們必須對此實相擁有親身的體驗。Okay？」

學生：「覺知、本自俱足的覺性和您剛剛所解釋的勝觀之間有沒有什麼不同？」

仁波切：「乍一看，是沒有不同的。但是當你深入細微之處，那些基本細節之間有某種程度的不同。當你真的去深入提煉它們的核心，是會有一些差別。但我認為現在討論這些為時過早，讓我們以後再回來。」

學生：「我沒辦法區分無有參照點的安止和勝觀，請解釋。」

仁波切：「簡短的說，差別在於清明。無所緣的安止尚未具有足夠的清明，裡面有某種昏沈暗鈍。安止中沒有煩惱，這一點是好的，但是昏沈暗鈍這一點使得它不夠圓滿。要達到止觀雙運，就得消除這樣的遲鈍。消除這種昏沈的清明和通常智識性的清明不同，智識性的清明一定是二元的。止觀不可分割的光明，此二者的雙運不是二元的。勝觀的意思是清晰的洞見，具有一種光明感，是無有昏沈暗鈍、無有障蓋的覺醒狀態。勝觀不為凡俗心識的二元光明所覆蓋，超越了世俗的狀態。就是如此。」

學生：「當禪修的時候，禪修者是否時時會在安止和勝觀之間來回往返呢？」

仁波切：「一開始是的。但當你熟習之後，就不會來回往返。當然安止也有許多種，那種被稱為呆滯的安止肯定是不好的，它讓修行者幾乎變成像馬鈴薯一樣。」

學生：「我認為所有的體驗都是概念性的，因此概念和想法會障蔽內在體性的實相。請問體驗和想法也同樣能成為證悟內在體性的助力嗎？」

仁波切：「是的，確實如此。概念體驗既可能幫助了知

和證悟，也可能阻礙了知和證悟，它會是兩者中的一種。關鍵之處在於，體驗本身不會損害或阻礙任何事物，我們對於所感知的對象的執著和攀緣才會造成問題。不帶任何執著、不去固化的簡單認知是無害的。上乘佛法賦予『體驗』不同的名字，比如『表現形式』、『展示』、『莊嚴』等等。乍一看，這些字眼顯得很奇怪，但當你對此有了更深的理解後，這些觀點就變得非常非常有趣！它是一種直指，告訴我們所有的體驗，無論你是如何感知它，都是心；而心即空，空性是超越戲論的，離戲的空性為自解脫。

「很久以來，關於感知和被感知到的對象，此二者是否都是心，有無數的探討。被感知的對象被認為是心的『表現形式』，但並非心本身。每一個不同佛法體系的教導，如果能被正確理解，對達到證悟有不可思議的幫助。任何所感知的對象都是心、心即是空、空性是超越概念戲論的，這個說法相當合理和切實可行。從另一個角度來說，當你開始了解感知是心而被感知到的對象不是心，而是心的表現形式時，這也是非常實際的。『感知』是基於所感知的事物，也就是可以被感知的對象而成立的。但如果沒有一個能知

者，事物又如何被感知呢？是什麼來感知它呢？同樣的，也不可能只有一個能知者，而沒有任何所知。這一切都歸結為一個事實：看似各種因素的組合創造了體驗。在這當中看似有物體、看似有感覺器官、看似有各種識，這些因素必須同時發生才能生起體驗。然後你才能說：『我看見，我聽到，我喜歡這個，我不喜歡那個。』只要我們不仔細研究，它就像是真的在發生，有著真實的物體、真實的感官和（六）識，而且似乎也真的在相互作用，體驗也真的生起了。你會覺得如果沒有這些因素的聚合，就不可能有任何體驗。

「然而一旦開始仔細檢視這個過程，你永遠沒法找到這裡所涉及到的三者——物體、感官和（六）識，作為獨立且堅固的實體而真正的相遇。事實是，這些個體在任何地方都沒有真實的存在。但同時，若這三者不相交合就不會產生感知。正因為如此，佛陀開示一切事物都如同魔術的幻相，如同夢境。但凡不去質疑或檢視，一切事物看起來就是在真實發生。眼識通過眼睛和視覺對象相遇合，然後你就看見了東西。但通過仔細的檢視，你會發現這個顯而易見的相遇未必就是如此。那些『我看見，我聽到，我觸摸到』的體驗都只

是表面上的真實，都是相對的真實，稱爲相依緣起，感知就是相依而顯現，通過一個事物對另一個事物的依賴而生起。離開心，縱然有物體和眼睛，也不會有看見這回事。

「當我們從真正的真實，也就是究竟實相的角度來看，根本就沒有外在的物體、感官和連結二者的心這些因素。事實上，一旦透過表面現象發現了其本質——相對的實相（世俗諦），此發現本身就是究竟的實相（勝義諦）。龍樹菩薩有一句著名的偈頌：『有爲法無故，何得有無爲？』①（若因緣和合的顯相尚不能成立，非因緣和合的顯相又如何能成立？）這是他在《中觀根本慧論》中所說，這是一部極其合乎事理又有趣的著述。以後我們可以深入地探討。」

學生：「您提到要避免生起煩惱，我想知道該如何入手呢？對於凡夫而言煩惱是常態。我似乎只有辦法在以下二者中選一：要不我就會順著心裡所想去行動，比如被惹毛的時候就會打人或者說難聽的話；要不就會去拚命壓制憤怒的煩

編按：○爲原註；● 爲譯註。
①譯文出自姚秦三藏法師鳩摩羅什譯《中觀根本慧論》觀三相品第七。

惱。這兩者我都不是很想要。什麼是最好的方法呢？」

仁波切：「每個人當然都能明白生氣是怎麼回事。其實這當中有四種可能性。最糟糕的情形是，內心憤怒的同時也在行動中表現出來。又或者可以控制住自己外在的表現，但內心還很狂暴，這種情形不算太壞。第三種情況是，心中其實並沒有生氣，但外在顯得很生氣的樣子，這種情況比較罕見。最好的狀況是既不感受到憤怒，也不表現出憤怒的樣子。在接下來幾天的課程中我們會講到如何發掘出真正的無瞋。」

學生：「所有的藏傳佛教體系都教授同樣的修持方法嗎？」

仁波切：「佛法的各個傳統都教導安止和勝觀的修持，在側重的程度上略有不同。在噶舉傳承中，禪修主要是從安止修開始的，寧瑪傳承就沒那麼強調。但所有的佛法傳統都教導安止和勝觀。」

學生：「是哪個傳承認為感知是心、被感知的對象不是心，而感知是由於所知的對象而生起的？」

仁波切：「『感知是心、感知的對象不是心』的教導來

自於龍欽巴。要回答能知者和所知的對象究竟是否是心的問題，首先必須了解心即是空，故而能知和所知二者也都是空，不是具體的存在。這個話題很複雜，我們最後會討論到。」

學生：「您提到要成為具格的法器，必須擁有興趣、信心和正念。當這三者還不夠強烈的時候，我該怎樣做？應該要更努力嗎？」

仁波切：「是的，一定要更努力。同時要認識到興趣端賴於深入的了解。你的了解越深，你就越有興趣。假如不是已經有所了解，就會連一點興趣都沒有。佛法的教義極其深廣、合情合理、有根有據、很有道理，隨著我們對佛法教義認識的加深，相應的興趣也是與日俱增。而伴隨興趣增長的，還有敬意、信心和篤定。對於真理，你越去學習和思維，就會越有興趣。」

學生：「仁波切，請您再解釋一下習性在我們的心識中留下的印記，這些印記又是如何傳遞到下一生？」

仁波切：「當你和某人有一次極其劇烈的爭執，幾乎快動手了，你氣壞了。那麼你在睡夢中，以及第二天早上醒來

的時候，心中是否還會留有遺恨？你會感覺到一些憤怒的殘餘嗎？」

學生：「是的。」

仁波切：「你需要去冥想它，讓這個憤怒積聚，還是它已經存在了？」

學生：「它就在那裡呢。」

仁波切：「這就是我們所說的習性的印記。在睡眠狀態中沒有展現出來，卻是潛伏著的。這表明我們的含藏識——阿賴耶識中，接受到一些印記，某種習性就產生了。」

學生：「我聽說過心識是無常的。那麼阿賴耶識就是一種無常的心識嗎？」

仁波切：「你可以說心識是相續的，但有關心識是恆常還是無常的探討，牽涉到含藏識：阿賴耶識的許多細微之處。說心識恆常是不對的，說無常也不全對。」

學生：「那麼印記是無常的囉？」

仁波切：「印記本身肯定是無常的。阿賴耶識其實是相續的，當它相續的時候你可以說它在持續著；然而有朝一日當這個相續停止時，就是無常的。拿流水來打個比方：流水

是持續的還是無常的？」

學生：「只要水還在流動，就是恆常的。」

仁波切：「不對，流動的本身就表示不斷在變，並非持久。水面不是一直在變動嗎？」

學生：「但還是有一種延續性啊……。」

仁波切：「持續這個詞是用來做什麼的？你把這個標籤貼在哪裡？」

學生：「用在流水上，水的流動，而非僅僅是水分子。但是您所說的印記的相續，或者說阿賴耶識的相續，看起來似乎是一種恆常的現象。」

仁波切：「佛教哲學中有一個術語：相似相續。和前者相似的東西出現在前者的位置上。它和它之前的現象很相似，而且有類似的起因，但這兩者是不一樣的。」

學生：「一個將要死去的嬰兒，心靈狀態是怎麼樣的？」

仁波切：「如果他還是個嬰兒，對這個世界的概念還沒來得及發展出來，那他可能沒有那麼多焦慮。他還沒有這樣那樣的觀念。」

學生：「假如一切都是無常，您能解釋我們如何才能不背離佛法之道呢？怎樣才能確保自己永不背離修持之道呢？」

仁波切：「當你見到這個世上所有的奢侈和享受都無法持久，都是空洞而徒勞無功時，執著自然就會減少，就能自發的一嚐解脫和證悟的法味，從而永無退轉地走上修持之道。文殊菩薩說：『若執著此生，則非修行者；若執著世間，則無出離心；執著己目的，不具菩提心；當執著生起，正見已喪失。』」

2 改變

重申一遍：上至整個宇宙、下至最小的微塵，**諸行皆無常**。色受想行識這五蘊亦是無常。從粗的層面來說，萬事萬物都在改變的事實就是「中斷的無常」；而從很細微的層面來說，每一個瞬間萬物都在改變，這個事實就是「內在的無常」。拿我面前桌上的這個瓶子舉例，不假思索的看，瓶子似乎從被製造出來的那一刻，直至打碎的那一刻都是常在的。但你若真的去檢視這個瓶子，則會發現它每一個瞬間都在變化。這個瓶子會褪色、會變成古董——不是突然一下子，而是一瞬間接著一瞬間。以人類來說，我們先從母親子宮裡的胚胎變成嬰兒，再變成小孩、青年、長大成人，又成為中年人，最後變成老人。「變化」有著持續的過程，在每個階段都有不同的名稱。通過善加了知萬物的無常，就能了知萬物的空性。有人會反對，抱怨說「我不想聽那麼

多有關無常的話，太膚淺了，一點都不深奧，沒有深度。」
然而恰恰相反，當我們開始看到每一件事物實際都是無常
時，就能馬上和萬物的空性產生連結。

佛法的教導能被各種正確的度量所證實。其中的一種度
量方式就是驗證事實的智力，換句話說，就是我們自己的推
理論證。鼓勵大家運用這個度量方式，請務必澄清任何有關
第一個毋庸置疑之實相的疑惑。

有漏皆苦

佛陀四句概論的第二句是：有漏皆苦。如何來理解有
漏？有漏指的是所有包含業力和煩惱的自我傾向。也就是
說，除非能徹底放棄我執，不然就無法從三界輪迴中解脫。
這是真的嗎？這個問題必須問到底，因為以假為真是沒有用
處的。

這個世上有許多不同的思想流派、哲學和宗教，對於何
為正確的、積極的行為，都有各自的觀念。無論一個人的基
本信仰是什麼，通常都會接受善有善報的觀點。然而佛陀
指出，若不能以無我的了知來擁抱善行，善行本身並不能

產生從三界輪迴中解脫的結果。我們應當理解這其中的道理。只要還認為有「我」，就會有「我的」、「我所」、「我被」。有了「我」，自然就會有「你」或「他」，即是二元分立、二元的感受。有了二元的感受，就會生起執持「你」「我」「他」這些觀念的傾向，亦即二元執著。而只要生起了二元的感受和執著，就自然產生了愛憎。執持其實並不存在的「我」，而認為「我是」……，這本身就是癡心妄想，而在此之上又有了貪愛和憎恨，三毒就俱全了。

在古老的典籍中能找到這樣的段落：「正如廁所臭不可聞，三毒不具些微功德。」同樣的，有漏皆苦這句話就表明，只要還有我執，就會造作業力；只要造作了業力，就會在六道輪迴中無盡的流轉。對父母來說，孩子的誕生是快樂的事情，若孩子死亡則極其痛苦。在這個例子中，痛苦來自何處？首先來自於孩子會出生。若孩子不曾誕生，也就不會有孩子死亡所帶來的痛苦。類似，只要還留有我執，就無法超越痛苦。

這不表示我們需要去另一個地方、另一個國家求取證悟，而是表示全然的放棄我執。佛陀教導了許多放下我執的

方法，但放下的過程有其弔詭之處。只要我們還抱有「我
必須放下我執」的想法，「我」就還擋在路口，不讓我執被
放下。「我必須解脫。我要修持佛法。我正在禪修。」這個
「我」被緊緊的握在手中，是一種概念抓取。只要還拚命抓
著不放手，光說「我想要證悟」、「我想要解脫」等等字眼
是絲毫無用的。

　　你得變聰明一點：這些業力和煩惱，不都是我們自己創
造的嗎？當聽到無我，你可能首先想到的是：「要是沒有了
『我』，那也就沒有『我』在做事情。當自我不存在，又怎
麼可能有任何感受和想法呢？」對我們來說似乎證悟了無
我之後一切都會軋然而止。但其實並非如此。還有遍知的智
慧，證悟的心照料著這一切。

十種不善行

　　有漏皆苦的意思是我執創造了惡業與煩惱，其結果就是
投生於六道。尤其可怕的是，如果一個人主要造作的是惡
業，他將體驗到下三道的劇烈痛苦。如果惡業減少、善行增
長，就會投生上三道，體驗到更多的安樂而非痛苦。是誰

在感受「有漏皆苦」中的苦呢？就是那個「我」。如果沒有「我」，怎麼還會有痛苦的感受？煩惱造作惡業，煩惱來自於對「我」的錯誤認識。佛法典籍中包含了有關煩惱如何造作惡業的種種細論，最終被總結為十種不善行。任何一種惡業完全成熟，必須具足四個條件。以十不善行中的第一條殺生來舉例，首先你心中會有一個對象——除了我自己之外的另一個人；然後有了意圖：「我要殺了這個人！」；下一步是行動，用武器或者毒藥來實施此意圖；最後是落實，在這個例子中就是造成了對象的死亡。因此這其中有四個部分。不論你是親自動手，還是讓別人去做，惡業的果報是相同的。殺生的惡報取決於其嚴重程度，可能造成在未來多生的疾病或短命；最嚴重的，則會令你投生惡道。最重的殺業是殺害自己最親近的人，比如殺師、殺菩薩、阿羅漢，或者殺父殺母，而謀殺本來即將解脫的修行者也是極其嚴重的。

第二種不善行叫做不予而取，不僅僅是指偷盜，也包括拿取不是給予自己的東西，也包含四部分：首先是知道某樣東西屬於別人；其次是想佔有它的欲望；第三是通過偷盜，搶劫或者矇騙來實現此意圖，例如做買賣的時候在秤上玩花

樣也是一種不予而取；最後當你謀得這樣東西，讓它落入自己手中，這個惡行就落實了。假如想要偷走屬於別人的東西，也嘗試了，卻沒有得手，就不會獲得不予而取的全部惡報。最不能偷盜的是屬於三寶的貴重物品。偷取修士、出家人賴以修持獲得解脫的用物尤其糟糕，這種偷盜將嚴重阻礙自己的靈性成長。

十不善行中的第三條是邪淫，指的是強迫別人或和不是自由之身的人，以及在他人監護之下的人發生性關係。和前兩條相似，同樣有四個部分：對象、意圖、行為以及結果。最嚴重的邪淫是強姦。強暴女性的修行者，導致她靈性修持的中斷是萬惡之事。

不予而取的惡報是未來多生的貧窮、困乏和饑饉，有的小偷在來世會得怪病，例如喉部腫瘤什麼的，使得他不能享用他所擁有的東西。邪淫的惡報是家庭生活不和睦，或者親密關係往往是短暫而無法持久。還需要說明的是以上這三種不善行都是由身體所作。光有一個念頭是偷不到別人的財物的，必須由身體去實行。

語的不善行有四種。第一種是妄語。謊言有許多種：嚴

重的謊言、小謊話、善意的謊言，最嚴重的妄語是沒有真實的功德卻假扮上師；假裝擁有神通、他心通、宿命通（能知過去未來）等等。這種欺騙導致本來可以追隨真實之道的人們轉而跟隨自己，這將為他人未來的許多生帶來嚴重阻礙。

妄語要成立，就必須說給別人聽。獨自一人坐在深山裡說謊話就算不上打妄語。首先要有對象，也就是能聽懂你話的人；然後必須有說謊的意圖，想著「我要欺騙這個人」。有時候不經意之間用詞有誤，這也算不上妄語。妄語也不僅限於語言，而是任何試圖欺騙別人的表達方式，也可以通過手勢或者肢體語言表現出來。妄語在他人信以為真之後就落實了。如果你試著騙人卻不成功，對方未曾被騙倒，那你也不會受到妄語的惡報。

因為我們樂於誇張，所以難以改掉的恰恰是小小的謊話，而非大妄語或者一般的謊言。有人說所有的對話最終會變成某種誇張，比如我們在讚美自己欣賞的人時，往往會言過其辭；當貶低別人時，也會添油加醋，聽起來更有味道、更能引起興趣。你可以在一場十到十五分鐘的對話中檢查自己：自己加入了哪些並非真實的東西？你誇張了什麼？若發

現自己其實是在說謊話，就一定要改掉。為什麼呢？因為說謊的惡果在此生就能實現：如果你在事實中摻入過多自己的主觀想法，別人就不再認為你說的話具有可靠性。別人可能會這樣評價你：「他也許是個好人，但他說的許多話都不是真的。」如同其他事情一樣，行為產生習慣。這些習性會不由自主的持續下去，以至於當下次情形具備時，哪怕你原來並不特別想到要說謊，謊言也會自動說出口。據說常說謊話或惡語的人在未來生中會有口臭。最嚴重的謊言是試圖欺騙或愚弄為了要專心修持而放下一切的修行人。如果你成功的欺騙了他們，後果是相當可怕的。

　　另一種語的惡業就是兩舌：說一些引起衝突和離間好友的話。這是非常惡毒的。達成這一點有不同方式：直接、間接或隱晦的。下面的例子是直接的離間之語：比如一個人位高權重，他的員工都被迫聽命於他，他在一個人面前指著另一個人說：「你說了他這樣這樣的話……」這兩個人都害怕失去工作，因而不敢表示異議，這是直截了當挑撥離間的方式。間接的挑撥離間可能是說一些貶低別人的話，不是當著某個人的面，而是說給第三者聽；你可能清楚地知道這些話

會傳回某個人的耳朵裡，也會減少你所告知者對某個人的友情。兩舌的惡報是在此生變得更孤獨更缺少朋友。至於說到前世的惡業對今生的影響，可能是人們自然而然的不喜歡我們，也難以擁有深厚持久的友情。另一個後果是即便在此生中，如果養成挑撥離間的習慣，人們最終會想：「太可惡了！我不喜歡這個人。」那麼你最後會變成孤家寡人。而最糟糕的挑撥離間是去擾亂修行者內心的平靜。

第三種負面的語言是惡口。殘忍粗暴的語言有許多種，俗話說：「話語雖無利刃卻能刺穿人心。」手上的小傷口可能塗上點藥、貼上小繃帶就能輕易癒合，而真正殘忍的話語則能令人痛苦終生。用語言來傷害他人有許多方式：公開的、通過他人間接傳遞的，甚至通過話裡有話的玩笑。

第四種負面的語言是綺語，也有很多種。最主要的是激起貪瞋痴煩惱的無意義討論；其次是沒頭沒腦的喋喋不休；更加細微的閒談包括用詞不清晰、饒舌或任何毫無意義的表達方式。閒言碎語干擾了聞思修佛法的靈性追求。

妄語、兩舌、惡口和綺語主要是通過聲音來造作。我們當然可以通過肢體語言來表達不悅之情和對他人的各種不

屑，但不能說是惡口。也可以用手、腳、手指和眼睛等表達許多事情，比如用肘部推撞或怒目而視。你應當檢查自己這麼做的程度有多少。有時候我們不敢大聲抗議，但難免覺得應當擺張臭臉；有時候甚至不敢給某個人臉色瞧，只好轉頭給他人擺臉色。

　　十不善行中的最後三種來自於意，分別被成為貪欲、瞋恨和具邪見。貪欲簡單來說就是「我希望那是我的」的感受。當看見別人擁有物質、財產、奢侈享受和名聲，就想自己也能擁有，這種態度就是貪婪。接下來就是惡意瞋恨，想要去傷害別人。第三種「邪見」，指的是不信或者拒絕去探究四聖諦。

捨棄邪見，證入無我

　　我提到十種不善行的原因，就像之前說過的，煩惱會令我們造作惡業，而惡業必定令得我們在六道輪迴中流浪，薈集痛苦的體驗。捨棄十種不善行中的前九種，並以相反的行為來取代，能令我們達到輪迴的最高一層：和天人共住享受無上妙欲，但卻永遠達不到解脫。解脫和證悟的真實原因叫

做「證入無我的智慧」。證入無我的智慧是在捨棄邪見之後才揭示出來的正見。最根本的邪見或者說錯誤觀念就是「我是」，包含著對自我的緊緊抓取「我是我」。捨棄我執的邪見極其重要，要做到這一點就必須進行聞思修三個部分的訓練。

讓我們來探討一下具邪見是什麼意思。佛陀教導了苦、集、滅、道四聖諦。第一諦：苦，我們知道生命中有苦，對吧？那麼直接承認就好了，不算很難懂。接著佛陀說苦的來源是業和煩惱，這也不算難懂，儘管此二者是很難捨棄的。最後二諦是滅和道。通過道所提供的方法，業和煩惱將會止息。放下煩惱的方法很多，其中之一是出離煩惱，另一種是轉化煩惱，還有一種方法則是以煩惱為道用。這三種方法基本上就是對三乘的界定。轉化煩惱比捨棄煩惱要困難，更加困難的是將煩惱帶入道中。然而，若能轉化而非捨棄，則是一條更快捷的道路；而若能善加利用手邊的一切，則比轉化更加快捷。

「有漏皆苦」指的是任何被煩惱所驅動的行為都將導致三界輪迴中的痛苦折磨，這是必須承認的事實。現在先別管

其他的各道，而來好好看一下生而為人的情形。首先，主要有生老病死四種苦，這四者是無法逃避的，你擺脫不掉。試想一下經受的每一種苦是怎麼樣的切實體驗？令人深受其擾、憂心忡忡，而且並非只有別人會經受這些痛苦，我們自己也會。在此之上，還有和我們所愛的人，父母、親人、伴侶分離的痛苦，以及與合不來的人、仇人相遇的痛苦。在此之上，還有對於自己想要的卻求不得的痛苦，以及遭遇不幸的痛苦。各種各樣的倒楣事都可能不宣而降。看看周圍的人事，你肯定可以了解人生是會經歷痛苦的。

我們的身體屬於有漏的「五取蘊」，被描述為苦諦的基礎，儘管身體有時很有用，但也是準備好要受罪的。你甚至可以說身體已經被預設為受苦。身體感受愉悅的時刻實際上短暫而稀少，即使是「被針扎一下」的最微小痛苦也足以令人不適，這道理簡單之極。

有漏皆苦中的「有漏」，意味著煩惱造作惡業，惡業則導致了苦。我沒有必要再重申這一點，現在需要做的是各自檢視此點是否真實。如果是真的，我們就該拿定主意，並對此生起確信。佛陀的所有教導能濃縮為這四句偈頌，第一句

「諸行無常」似乎是相當容易理解並達成共識的；然而第二句「有漏皆苦」，是需要捫心自問的。究竟是不是這樣？讓我們來討論一下。

　　學生：「您能多解釋一下何為『有漏』嗎？」

　　仁波切：「『有漏』在藏文中是 zagchey，通常在說到三種善行：有漏、無漏和非漏非無漏的時候會出現。有漏功德是在三輪（主體、客體和行為）的概念範疇內所行的一切善行。無漏功德是以空性為「印鑑」，不存在三輪的概念。非漏非無漏的功德，指的是在保持此見地的情況下，通過身體和語言的行為與世俗諦連結和交融。

　　「一首有名的偈頌中描述了這三種善行：『有漏無漏漏非漏，悉皆迴向勝菩提。』另外插一句，有一次我有機會向庫努仁波切丹增嘉晨，請問這個詞的意思以及其他一些佛法術語，他先解釋了藏文『人』gangzag 的含義。Zag 也出現在『有漏』的藏文詞根中。Gang 的意思是『任何』、『任誰』，指代六道眾生所可能投生的任何世界或地點。Zagpa 指的是『墮入』或者『轉移』到這些地方去。因此，『人』

的意思就是『流轉投生』。他還提到，長久以來就有關於這個詞源的討論，因為阿羅漢也被稱為 gangzag，含義則是出色的人物——聖者。」

學生：「感覺自己需要捨棄十不善行以免造作惡業，這會不會反而增強我執？」

仁波切：「上上之策當然是你可以當下就放下我執，但不容易立馬做到。業力、煩惱和習性，傳統上稱為三種蓋障，遮蔽和阻礙了我執的斷除。第四種蓋障是所知障，為前三種蓋障的不斷重現提供了根基。因此，從簡單的棄惡從善開始會更保險，同時也要嘗試去捨棄造成我執的根源。對此有一句有名的偈言：『若能淨蓋障，了悟任運生。』」

學生：「『我必須行善』的想法會不會成為我執增長的原因？」

仁波切：「雖然『我一定要這樣做，我正在做功德』這樣的想法是會增強我的觀念，但這麼做仍然是好的。首先，『我要獲得解脫』的想法在步入修道之初是必需的。認為『我不需要解脫』則是一個錯誤。『我不接受我執，我執是壞的，因此我也不想解脫！』的觀點是錯誤的。超越自我的

解脫源自於一度曾以為當真有『我』的存在。『我必須得到解脫』的想法，可能讓你到達超越我執的解脫。這個想法並不是解脫，但它是到達解脫的根基。」

學生：「如果一個人好心卻壞了事怎麼辦？那會帶來善業還是惡業？」

仁波切：「給我一個例子。」

學生：「舉例來說，你有兩個朋友，你向其中一位稱讚另一位，結果這兩個朋友為此起了紛爭而分道揚鑣。說的是好話，卻被誤解而造成了爭端，這是錯誤的行為嗎？」

仁波切：「你需要懂得如何去讚美以及讚美的時機。有時候讚美是有益的，另一些時候讚美卻能演變成責怪。說話之前要經過大腦。如果這兩個人真的是好朋友，而不僅僅是表面裝裝樣子，那麼對一個人的稱讚只會讓另一個更加歡喜。如果他們僅只是表面的朋友，稱讚其中之一就可能會引起另一位的嫉妒。通常家人們應該是很親的，但有時表揚一個兄弟可能會令另一個生氣。同樣的，讚美丈夫可能會讓他的太太高興，但也並非一定如此。你得先摸清狀況。結果來自於認同感，如果兩個人自認為是一體的，表揚其中的一部

分自然能令他們高興。如果他們不認為自身是一體，還有著一些差異，那麼表揚一個就會讓另一個產生嫉妒。因此得看情況而定。你怎麼想呢？」

學生：「我覺得人們如果真的很親密，對其中一位的稱讚一定能令得他們更加親近。我想知道的是：假如由於我造成了他們之間的問題，那我是做了壞事嗎？即使本來是出於善意。」

仁波切：「一個人當然應該具有善良的發心，試著說好話。但光是心懷善意還不夠，同時也應該要機靈。你必須夠聰明，知道這件事實際上該不該做。這就是為什麼佛陀教導我們一定要智慧和方便雙運，兩者缺一不可，即使是在一天到晚的日常生活中。」

學生：「仁波切，之前您講到習性是業力的投射，現在您又指出業力、煩惱和習性是我執引起的。對我們來說，和習性相比，是否更容易認出煩惱？」

仁波切：「煩惱比導致煩惱的習性更容易辨認，習性更加細微。自發的、本能的去思想和概念化，就是習性。習性意味著一種自動的力量或能量。一般來說我們自身不需要費

多大力氣就能被激怒。由於習性，憤怒油然而生，當條件一成熟，就蔓延成一場熊熊的憤怒之火。

「習性不易辨認，也不易清淨。就像洗杯子，看得見的污垢容易清洗，要去掉杯子上殘留的氣味則更加費力。如果杯子裡曾經盛過很臭的東西，氣味要很久才能去掉。比方說，要徹底洗乾淨香水瓶子就很困難，即使你沖洗很多遍，香味還是揮之不去。這是習性的一個譬喻。」

學生：「如果一個孩子曾經是某種性暴力的受害者，我該怎麼幫助他了解那是無常？當你知道這種痛苦和不幸的創傷會伴隨他終生。」

仁波切：「是的，確實非常困難。這就是為什麼那是非常嚴重的惡行，對吧？但一個負面的印記能保留多深仍然因人而異。除非受害者對空性本質有了一定的洞悉，不然很難完全擺脫傷害性記憶。」

學生：「『捨棄』、『轉化』和『以煩惱為道用』是和三乘的次第修持一一對應的嗎？」

仁波切：「是的。對於小乘或者說聲聞乘的行者來說，對治煩惱和惡行的方法就是捨棄它們，這一乘沒有提到要去

轉化它們，也沒有提到運用它們、以之為道用。一位菩薩、大乘的行者所採用的方法相當不同。在十不善行中，屬於『意』的三種——貪欲、瞋恨和邪見，是需要捨棄的，永遠不會以之為道用。但前面的七種，在特定的情形下，為了為他人謀求更大的福利，菩薩是可以採納的，然而這個行為自始至終絲毫不能被自私所染污。這很困難，直接捨棄惡行和煩惱會容易得多。捨棄比轉化容易，轉化又比運用，也就是以之為道用容易。

「以煩惱為道用是金剛乘的特殊說法，一方面有風險，一方面又有很大好處。風險在於這種嘗試很容易適得其反，讓修行者變得與凡夫無異甚至更糟。但假如你知道要點，這種方法又有大利益，能令你非常、非常迅速的穿越修行的道地。金剛乘的教法說，身體裡有煩惱、也有智慧。煩惱需要蛻變為智慧，當你能悟入心要，五毒就成為五智，五蘊就是五方佛父，五大就是五方佛母，萬事萬物都是遍在一切的清淨，因而有這樣的描述：『萬物皆是清淨本覺的莊嚴；萬事皆是三身的自然展現。』

「當下三毒具足，但當下也三身具足。三身和三毒，在

某種程度上均以身體為支持。執著之路即通往三毒，離執之路則通往三身。阻礙我們見到三身本來面貌的是三毒。因為不能認出心的本質是空，我們杜撰出一個『我』，任由心的認知特性迷失於二元執著，使得自己本來無限的容載能力受限於二元執著的煩惱模式。」

學生：「有沒有一件事物並非因緣和合或者並非無常？」

仁波切：「你認為呢？」

學生：「我想答應應該是不，但是……。」

仁波切：「那麼虛空呢？虛空是恆常的還是無常的？」

學生：「虛空不是恆常的。」

仁波切：「虛空是怎樣的無常呢？」

學生：「當有事物進入你的空間，就會發生變化。比如說在那邊的空間，當有什麼東西進入，那空間就不再在那裡了。」

仁波切：「當你走路的時候，空間隨著你的移動而改變。你的移動使空間變得無常了……，是嗎？你認為是這樣嗎？」

學生：「是的。我不該這麼想嗎？」

仁波切：「空和不空，兩者都是想法而已。如果你認為是空，那是一種想法。如果你認為不空，那也是一種想法。當你想著空的時候，自動就有一個不空的概念在那裡。概念心的局限性是最大的問題之一。假如我們認為一切都是空，那代表平時大家不這麼看。如果沒有空的概念，怎麼會有不空的概念呢？這二者是互相依存的。假如沒有不空的想法，哪裡還需要討論空呢？因此究竟的實相是超越空性和非空性的。不管虛空是否是恆常的，空間本身（就只是空間）是不變的，不是嗎？從這個角度你可以說它不是因緣和合的，是恆常的；但當你豎起障礙和圍牆的時候，空間看起來被阻擋了。」

學生：「讓憤怒消融在無條件的空性覺醒中，和捨棄憤怒這兩者有何差別？」

仁波切：「捨棄指的是你想：『我不應該這麼覺得，我必須做些什麼來改變它。』當遇見吸引人的對象時，小乘行者會馬上試著對治自己的欲望，比方說會想：『這個對象實質上是不清淨的、不潔的。』菩薩則不會視之為不潔淨，而

會看到所渴望的對象並非真實存在。簡單的認為『它不潔淨』，還存有一件事物是淨或不淨的概念，這個細微的想法還沒有斷除。一旦認知到事物沒有真實的存在，清淨還是不淨就變得無關緊要。通過訓練自己將事物看作不悅意的來捨棄執著，有時候能成功，有時候不能。而當你了解一切事物的空性本質，毫無疑問就能成功，這是必然的。」

學生：「仁波切，您說如果真的理解無常，就能理解空性。這兩者的連結是什麼？」

仁波切：「我們持有長久和非長久、恆常和無常的想法。當說到一件事物是持久的、恆常的，意味著其具有某種連續性。我們認為這種連續性是持久的，對吧？實際上，那僅僅是相似相續，以前的事物並非仍然繼續存在。現在就有必要檢視一下三時——過去、現在、未來，或者說以前、當下、以後。離開這三時，就不會有連續的概念。以前和以後依賴於當下，那麼當下就應該是我們可以確定其存在的實體。你能找到某種獨立的存在、某種東西，就是『當下』嗎？」

學生：「不能。」

仁波切：「那還剩下什麼？現在能怎麼說？你就在這裡遇見了空性，難道不是嗎？正確理解一切事物的本質為無常，就能讓你和空性相連結的說法，就是這個意思。你覺得有道理嗎？假如沒有，最好再深入討論一下。不要還沒搞懂就放下。」

學生：「我在想一個人的連續性，比如說，我們老是認為是同一個人在出生、成長和變老，那麼視其為連續的根據是什麼呢？」

仁波切：「只要不去太仔細的檢視這個觀念，確實似乎有某一個特定的『人』以獨立個體的方式持續著，有血有肉有骨頭，有個在活著在呼吸的身體。這個個體持續的呼吸，因而是一種實質性的延續。但這僅僅在不被檢視和質疑的情況下才成立。說到時間，你無法對從來沒想到過、質疑過時間是否存在的人說時間不存在，他絕對不會相信你。但若你說時間真的存在，那也不對。說時間存在肯定比說不存在要更糟糕。說到事物的連續性，說『它在』要比說『它不在』更糟糕，因為在實相中真的沒有什麼真實的連續性。」

學生：「這讓我聯想到回聲──是空的，然而卻又在迴

響，看起來像是某種物質存在。」

仁波切：「事實上，回聲和聲音是一回事。」

學生：「回聲是空的。」

仁波切：「聲音也一樣。」

學生：「原聲有實質性，回聲只是和原聲相類似，是一種延續，假如振動不衰減就會持續下去。這是一種連續性嗎？」

仁波切：「傳統上用來比喻相似相續的是蠟燭的火焰，或是流水。這一瞬間的現象和前一瞬間看起來一模一樣，但卻不同。」

學生：「為什麼會有這樣的相似相續呢？」

仁波切：「只有看起來一樣的東西才會連續啊。比如說，你（Kathy）和睡在搖籃裡不能走路的小嬰兒 Kathy 早就不一樣了。同樣的，我們會覺得今天看到的 Kathy 和去年遇見的是同一個人，假如這中間沒見到你的話。事實上，即使在這一年中也有許多變化，你不是同一個 Kathy 了。當然我們都會變、都會老，但和以前相比，仍然有一種相似性，使得人們仍然相信你就是 Kathy，不是另一個人，其原因就

是相似相續。不然的話，我們將分不清誰是 Patricia、誰是 Kahty。由於相似相續的恩德，Patricia 還是 Patricia，Kathy 還是 Kathy。」

學生：「能夠覺知的能力，是恆常的還是無常的？」

仁波切：「一般所說的能知者或者說觀察者是無常的，因為它依賴於所知的對象。認知在瞬間生起，然後消失，接著另一個生起。在這個過程中，那個對象的能知者一次又一次地消失，隨之又有另一個生起。因此可以說能知者是無常的。但是全知、證悟的狀態，是超越恆常與無常的。再問你和在座的每個人一個問題：一切有情都有佛性，是不是？那麼每一個生命都應當能夠獲得證悟，或遲或早，對不對？」

學生：「是的。」

仁波切：「那麼輪迴終有空盡的時刻咯，會不會？大家都同意嗎？那事情就很好辦，我們只需要等著就行了。通常的說法是輪迴無始無終，對吧？一般而言，輪迴無始無終，但對於個人而言，輪迴是有終點的。關於這個有些爭論，因為全體是由許多個體所組成的。當每個個體都獲得了證悟，輪迴就不在了，聽起來不是很棒嗎？」

學生：「是不是有一種觀點認為一切事物都是既存在而又不存在？」

仁波切：「就像這樣。首先，我們需要歸類，安立一切事物的存在。接著需要安立一切事物不存在，最終需要達到超越存在與不存在之概念的確信。佛陀說：『僅依見聞不能知。』我們有眼睛能看見、有耳朵能聽到，這是不可否認的。接下來，需要去質疑和檢視，眼睛究竟是怎樣看見的？耳朵是怎樣聽到的？覺知是什麼？我們稍後再討論。」

3　空性

前面已經討論過第一個法印「諸行無常」，和第二個法印「有漏皆苦」，現在來到第三句偈頌：諸法皆空無自性（諸法無我）。

相對實相與究竟實相

遍知一切的佛陀說過一切現象都是空，而且缺乏實有的自我。然而通常情況下，我們認為每一樣東西都是具體的，都具有個體性。簡而言之，我們所感受的和相信的與佛陀所說正好相反。這可不是小問題，而是極端的重要！這不是微小的衝突，而是巨大的，因為真相和假象是完全相反的。

在開始討論這個主題之前，首先要知道沒有接受任何哲學思想的人稱為凡夫（普通人）。凡夫覺得：「無論我見到什麼，都是真的在那裡。」比方說，一個特定的視覺形象

真的在那裡，是存在的、是恆常的，有形狀和顏色，是紅色、白色等等。如果一樣東西看得見、摸得到，就是堅實存在的。對於凡夫來說，沒有做進一步調查研究的必要。同樣的，聲音是聽覺感官的對象，也被認為是存在的，可以是動聽的、不動聽的或者中性的，但既然我能聽見，那就是存在的。我鼻子聞到的氣味，可以是臭味、也可以是香味，或者中性的，我能夠感受到這些氣味，所以它們也存在。同理可證，各種各樣的味道，鮮美的、難吃的、鹹的、澀的等等；還有觸受，粗糙的、平滑的、重的、輕的、熱的、冷的等等，因為這些都是我身體能感受到的，看得見、摸得到的東西當然存在。同樣的，因為我們記得曾經發生過的事情，就相信過去當然存在；因為能為沒有發生的事情做計劃，就認為有未來；因為能感覺快樂和不快樂，就將愉快和痛苦等感受引以為真——因為能感受這一切，因此，一切必然都存在。這種邏輯就是這樣運作的。

　　凡夫看待問題的方法，不曾花任何時間質疑和研究事物的本質，和動物性的感受很相似：「那裡有水，我要喝水；那裡有青草，我要去吃。」一旦我們開始採納了某種哲學思想，

視角就更加精煉了，那表示更加接近眞相——究竟的實相。

　　佛法說有兩種囊括一切事物的實相：相對的實相和究竟的實相。相對的實相對於仍然被我執所支配的心來說就是眞實的。究竟的實相對於遠離一切迷惑的心來說才是眞實的。由於不能善加辨析這兩個層面的實相，我們心中就生起許多問題和疑惑。簡言之，如果相對於自己的身、語、意而有一個客觀參考點，這種機制就稱爲相對的實相，而超越了任何身語意參考點的即是究竟的實相。究竟的實相超了凡俗身語意的範疇。何爲身語意三者的範疇呢？身體的範疇指的是任何看得見、摸得著的有形的事物；語言的範疇則是任何能貼上標籤、表達和描述的事物；心意的範疇是指一切可想的、能想像得到的事物。任何落於這三個範疇之內的事物，根據定義就是相對的實相。

　　佛法的修持意味著越來越深入地淨化自己的了悟。除非能將相對的實相和究竟的實相區分開來，不然根本就沒有著手之處。這並不表示相對的實相和究竟的實相是兩個完全不相干的實體，並非如此，實際上相對實相的本質就是究竟實相。

讓我進一步澄清這一點。當說到諸行無常的時候，我們把「恆常」這樣的字眼作爲標籤，意指連續性。舉個例子來說，這張桌子似乎是存在的，毋庸置疑。它是一張藏式桌子，可以放東西，它被油漆過。也許你會問：「這張桌子是單一的個體嗎？」不，它不是，因爲它是由許多部件組裝而成。這個有許多部件的組合體被簡化的稱爲「它」。但若仔細的想一想，你絕對找不到任何事物是單一的個體，是由於許多部件的組合體導致我們運用了「一」這個詞。再去更仔細地看一看這些組成部分，每一個部件又是由許多不同部件構成的，如此一再拆分，這個過程將沒有終點。

　　這張桌子好像有某種穩定性，因此我們說「這張桌子」。因爲相似相續，它看起來就是和昨天一樣的同一張桌子，是不是？然而以桌子的樣子出現在我們面前的「那個東西本身」，你找不到它的眞實存在——這就是究竟的實相，因爲它是眞實無虛的。

　　讓我再用另一種方式解釋。「連續性」應當適用於某件事物，但若這件事物不存在，那是什麼在連續呢？在此基礎上，人們說「它是持久的」或者桌子「具有連續性」。相續

的意思是由過去延續至現在至未來。當你開始嘗試去檢視過去、現在、未來是什麼，你甚至找不到現在。不僅如此，也沒有什麼東西存在於過去，因為我們生命中的每一個個體都不外是一堆部件的組合，而事物本身任何地方都找不到。這種**物性**的缺失、不存在、找不到，就是究竟的實相，就是事物本身超越身語意範疇的本質。

沒有真實存在的事物

　　佛教的下部宗派，說一切有部和經量部，認為萬物都是由一種基本物質——微粒（可以說是原子 atom）所組成的，這種最細小的微粒是不可再分的。他們主張所能見到的一切都是由另一種東西組成，一種非常細微、非常非常微小，但是某種終極的存在。他們所指的是事物最微細的部分，不可再分的微粒。他們的論點是，假如沒有這種不可再分的微粒或原子，那麼所有的物體又怎能形成和存在呢？這種觀點和西方科學的傳統學派很相近，「原子」這個詞希臘字根的字面意思就是「不可再分」。讓我們來研究一下諸如此類單一的個體是否可能存在。

只要是物質的東西，就必須有前面、後面、頂部和底部。如果是這樣，就不可能找得到一個最小的單一個體。不管多麼的細微，仍然有能被再分的部分和各面，對不對？因此，「原子」的意思是不可再分，其實是一種謬見。當我們這樣子去研究一件事物，最終會到達哪裡——它的底線是什麼？能找到某個真實存在的事物嗎，還是找不到？如果找不到真實的存在，那很好，因為這是和佛陀的教導完全一致的。但於此同時，不可否認的是，桌子是摸得著的。你能用手摸到它，堅實而具體；在世俗的體驗中，它顯得很真實。你也可以談到這張桌子。我可以說：「請把這個杯子從我的桌子上拿走。」聽到這句話的人就會把桌子上、而不是椅子上的杯子拿走。這真的很實用，提到桌子這個字眼我們就能夠想到桌子。假設我在另外一個房間，告訴我的侍者：「把我桌上的杯子拿來。」侍者能聽懂我在說什麼，他會想到那張桌子，跑到房間裡、拿起杯子，拿到這裡來。相對的實相具有毋庸置疑、不可否認的層面，因為它的約定俗成，真的非常方便。但究竟來講，它不是真實的。

　　基於這個事實，佛陀說：「一切如夢亦如幻。」在夢境

中，或者親臨一場魔術幻景，你會感到一切似乎那麼真實。對於做夢的人來說，各式各樣的體驗如同親身感受。但當問到這些夢中的景象從哪裡來、又到哪裡去了，卻沒人能答得出來。

夢境的體驗來自於一系列因緣條件的組合。首先你得先睡著了才能做夢，各式各樣的夢境才能發生。醒著時的體驗也是這樣。從生到死似乎是一個漫長的歷程，然而，醒著時的感受也來自於一系列因緣條件的組合。僅僅因為這些感受持續得更久，我們就以為它們比夢境更真實。一切屬於凡俗的身語意範疇所能感知的事物可能貌似很真實，因為貌似真實，大家就設定它們是真實的。即便如此，一個不做任何分析和質疑的人的體驗，就究竟實相來說，是迷妄的。

一開始我們需要從智識上理解，一切都是虛幻不實的，這就需要具備從聞思而來的兩種智慧。獲得了前兩種智慧以後，就能再通過禪修所生起的智慧來直接體驗到萬物的如幻本質。即使是通過聞慧和思慧，也能獲得對此如幻體性的了知。比如說，當你開始好好檢視這張桌子，你從將它當作是一樣「東西」、單一的實體，進一步認知到它是有許多部分

組成。那麼組成桌子的最小部分是什麼呢？原子嗎？即使小如原子，也是以單一個體的形式真實存在的嗎？

　　以這樣的方式檢視，我們最終會發現、甚至根本沒法去想像一個叫做桌子的東西。事實上，甚至連一張桌子也見不到。因為「桌子」顧名思義應該是一整個物體，一個完整的對象。不管我們的兩隻眼睛看得有多清楚，也不管我們有多麼的聰明，從來就沒辦法看見這一整張桌子，因為「桌子」指的是一個整體，全部。看吧，現在你能看到前面的部分，是桌子的正面，你看不到它的兩側和後面，對吧？而當你從它左面看過來的時候，你看不見它的右面和前面，對不對？試一下。誰能（從這個角度）看見桌子的正面？請告訴我！

　　學生：「當您說整張桌子，我可以看到它的許多部分。我沒辦法看到所有的細節，但我能看見桌子的邊緣。」

　　仁波切：「聲稱『我看見了桌子的正面』意味著對於桌子的整個正面，必須有一個同步、清晰、鮮明的圖像，難道不是嗎？簡言之，聲稱『我看見了桌子的正面』是極大的虛構。是否是這樣？」

學生：「看見一整張桌子有什麼重要性呢？」

仁波切：「我沒說它重要。我說的是虛構。重要與否我們以後會了解。大家有疑問嗎？這不是玩笑，是一個很認真的問題。我在指出何為表面、何為真實，亦即相對實相和究竟實相的差別。然而表面的真實體性就是究竟的實相，並沒有一種和顯相的體性相分離的究竟實相。許許多多的老師們，例如父母、學校老師、朋友等等，都已經給我們指出了相對的實相，並就此給予我們許多細節的訓練。而向我們展示究竟實相的老師則非常少。我確定你們不需要向我學習更多的相對實相。你們多半是因為並非真正滿足於相對實相而學習佛法。如果是這樣，你就必須非常仔細地分析表面與真實的區別。

「人類的六識中佔據主導地位的是眼識：看見。如果我們首先能夠了解在看見的舉動中，什麼是表面、什麼是真實，就比較容易將同樣的原理運用到其他的五種根識（包括意識）中。現在第二個問題來了：如果你看不見桌子的整個正面，你是否看見了它的一部分，是還是否？」

學生：「我似乎是看見了。」

仁波切：「這種看見是表面的看見，還是真實的看見？如果它不算看見，那你有看見任何東西嗎？」

學生：「您說的看見是什麼意思？」

仁波切：「從你是小孩子開始直到現在，你都在用『我看見』或者『正在看見』這些詞，這就是我說的意思。」

學生：「我想那種看見類似於覺知。我確實看見桌子的一部分；我也許正朝著桌子一角所放的花看，但在自己的心中填補剩餘的細節。我並沒有真正看見一個整體。我猜這種『看』意味著細節的填補，但實際上根本沒看到；是我的心在造作它。我現在再也搞不清這個詞的意思了。」

仁波切：「其他人有什麼看法嗎？」

學生：「在概念和想法之前，有一剎那光明、無念的意識。那是表面的真實還是事物的實相？」

仁波切：「也許你不曾留意，但在覺知的第一個剎那，貼標籤發生之前，有概念卻沒有分別。在這裡概念的意思是感覺『有什麼東西在那裡！』這種感覺本身是一種概念狀態，但還未經提煉，尚未有對當前事物的細緻分別。我們還沒有開始將細節分開，還沒有將事物一一辨別。它就好似第

一眼，看到一個模糊不清的存在，但還沒給桌子貼上桌子的標籤。長話短說，關於這裡的那張桌子，我們應該用『我看見』這個詞，還是不應該？」

學生：「它是一個有用的概念。」

仁波切：「有用且必要，沒有它溝通我們所知的一切將會變得很困難。現在，誠實點，坦率點。我們可以說：『假如有一樣東西能被看見，那麼我看見了桌子。』但真的有一樣東西能被看見嗎？如果有可被看見的『東西』就可以運用這些詞語，但假如沒有，就沒法誠實的運用這些詞語，能嗎？

「讓我重申一遍：只要不去質疑或檢視，我們就可以說看見了一張桌子。但若真的去質疑和檢視，甚至連一粒原子、最小的微粒也看不見。這是為什麼呢？因為這個事物本身在真實條件下，沒有真實的存在。你找不到它的真實存在。因為它天生缺乏真實的存在，就像我曾提到過的，它本身超越了身語意的範疇。任何身語意範疇之內的事物都是相對的實相，而只要是相對的實相就是錯誤或者迷惑的，是二元執著。

「不同哲學宗派的形成是由於對智慧或智識不同程度的提煉。佛法的下部宗派說一切有部和經量部不只主張不可再分的微粒的存在，還主張心識以一種相續的感受而存在。也就是說，有什麼東西將一刹那的感受延續或連結至下一刹那。他們說，這種連結細微到甚至無法察覺，但是存在。不然的話，怎麼可能對任何事情有任何體驗？他們說，如果沒有一個單一的微粒物質，也沒有心識，一切都會分崩離析，因此它必須存在。這是一種佛法見地，他們接受一切為空性，但是他們所理解的空性和大乘學派的見地略有不同。總體而言，這些小乘學派接受一切皆空。但他們主張最細小的微粒確實究竟存在，同樣的意識或心也一刹那一刹那地延續。對這些人來說，『一切事物超越生、住、滅』不符合他們的想法。這確實是很難領會的。相反地，假如我們說『一切皆空而如幻，但有某種究竟的真實存在——一個創造一切的微細基礎，以及心識的連續』，那麼小乘的追隨者會全心全意地贊成。

「開始佛法學習時，下宗的宗見比較容易理解。因此應該先學習小乘，接著學習大乘，最後才是金剛乘。和前者相

比，後者更加完善。比如說，唯識宗主張一切顯相唯心。他們用『心的覺知』、『心魔術般的展現』以及『心所創造』等慣用語來指代現象。對他們來說心是存在的：如果心不存在，又怎麼可能有任何感受呢？一切都將會止息。他們主張心是唯一的存在，心外無有其他的存在。在唯識宗的描述中，心就像一面鏡子，鏡中能反射出一切影像。映射的影像是對感受的譬喻；按照他們的觀點，心本身——鏡子是究竟的存在。當唯識宗和佛教上座部的學派辯論時，向來能辯贏，因為唯識宗的論證方式更勝一籌。

「比唯識宗更高的中觀學派認為：『你們這些唯識宗的追隨者聲稱有一個究竟存在的心，這是錯的，是一種謬見。』唯識宗的追隨者就問：『那麼你們是怎麼認為的？你們宣稱些什麼？你們的主張是什麼？』中觀的追隨者們就會說：『在相對的層面，我將接受你所說的一切，無論人們怎麼想或怎麼說；但在究竟的層面，我什麼都不主張。』這是因為任何主張都是錯的；任何安立本身都是設限。假如主張某種存在，則於凡夫無異；假如主張一切都不存在，那就落入了另一個極端。中觀的追隨者說：『我不安立任何事

物，因此我無有錯謬。』

「在這裡探討的聲明是：一切顯相皆空而無我（諸法無我）。我已經解釋了對於『空』的不同理解方式。當代科學家們似乎達到了證實即便是原子也並非能輕易指認這一步。這是因為科學研究已經深入純粹空間的層次。這個事實任何人都能通過智識推論來得到，並非只是佛法分析而已。不論你想運用哪種邏輯方式，就請用吧。就像古希臘數學中人們從『沒有維度的點』開始研究，你真的得理解這和連結空性是一樣的，你不需要僅僅通過佛法來接近空性。所有真正的推理最終會到達這一點。我認為生起對空性的一些認識並不困難，困難的是對一切皆空生起真實的**體驗**。

「這是第一部分：一切皆空。接下來討論『無自性』這個用語。什麼是自我？不要用『我』（主語或是賓語）來描述，那是同一回事。當你用『我』這個字眼的時候，是在描述什麼『東西』？是什麼構成了這個詞語的基礎？然而你仔細想一想，使用一個詞語卻不曉得適用於什麼對象不是很傻嗎？說吧！『我』這個字眼適用於何處？」

學生：「心？」

仁波切：「你的心是『你』嗎？還是它是『你』的心？」

學生：「（指著自己）它是我。」

仁波切：「身體是你嗎？還是你的？」

學生：「它是我。」

仁波切：「那麼你的名字呢？」

學生：「那是後來取的。」

仁波切：「名字是你還是你的？」

學生：「是我的。」

仁波切：「那身體呢？」

學生：「身體是我。」

另一個學生：「『身體』只是一個名字，一個習慣用語，只是一個賴以使用的標籤。」

仁波切：「似乎到目前為止只有兩種意見。大家都贊同這兩種意見嗎？還有其他意見嗎？」

學生：「『我』是五蘊的和合。」

仁波切：「所以，你認為是這個集合體被稱為「我」囉。只要不去質疑和檢視這個觀點，它看起來就沒問題。

一旦質疑和檢視，你會發現在五蘊中，身體（色）不是『我』，同樣的受、想、行、識也都不是『我』。如果每一蘊本身都是『我』，那就好像在說心，也就是識是你，而身體也是你。這麼一來，就存在兩個『你』了。到底『我』是一個還是兩個？

「當你順著這個思路研究下去，很快就冒出數不清的『我』來。我們現在來到了極其重要的一點。『我』這個字眼究竟代表了什麼？那裡有什麼存在嗎？抑或沒有？我們應該在這上面多花一些時間，因為這個問題的確定是所有修持的基礎。」

學生：「『我』可能指的是精神活動的連續體？」

仁波切：「提出問題，調查研究。」

學生：「那個給不出任何答案的會不會就是『我』？」

仁波切：「通常能回答問題的那個才被稱為『我』。」

（眾人笑）

學生：「有一個身體，裡面似乎有什麼東西在覺知。有時候我會說些什麼，但當我什麼也不說的時候就沒有『我』存在。身體不是我，心也不是我。」

仁波切：「這麼說保持沈默更好了？為了能證悟無我，是否變成啞巴更好呢？」

學生：「如果能令我執止息，有什麼不可以呢？」

仁波切：「僅僅通過不說話、不提問題，隨之就必然沒有我執和煩惱嗎？是還是不是？我只是在問你一個簡單的問題：沒有問題、不說話，是否一定代表沒有我執？」

學生：「我是覺知的，我可以說話和移動，但卻沒有二元執著。一切都是寬廣開放如虛空。」

仁波切：「嗯，這樣的體驗當然是可能的，多謝你的分享。在座的其他人，對於一切事物究竟空而無我還有問題嗎？聲稱『是的，我存在』有沒有過錯？或者說『我不存在』是完全沒問題的？」

學生：「如果第二個選項徹頭徹尾的正確，也有點令人沮喪。」

仁波切：「還是有一個人在想：『什麼都不存在。』這裡難道不是還有一個在感到沮喪的人嗎？我們還沒有完全解決這個問題。當你認知到『我』看起來存在，但實際上是不存在的，那沒有問題。但當你說著或者認為『我不存在』

的同時，又對此感到沮喪是不對的，表明你還是緊握著『我』沒有放下。無論是令人沮喪還是興高采烈，仍是這個『我』在感受著它。若有一個人在感到高興，那麼同時也就有一個讓他高興的對象、令他開心的『東西』。若有一個人在不高興，那麼也有一個讓他沮喪的對象、令他沮喪的『東西』。假如你為無我感到高興，這個感到高興的人還在附近晃蕩呢。如果你對此感到沮喪，那麼還有一個在承受痛苦的人。這本身恰好是問題的根源，名為二元執著。當你感到『我很沮喪』或者『我很喜歡』，這本身就是我執，對不對？」

學生：「如果沒有能了悟的人，那怎麼可能證悟無我呢？」

仁波切：「證悟無我指的是直面無我的實相。如此而已。真的極其簡單。」

學生：「正如一個點是沒有維度的，『我』也沒有維度，僅僅是個名稱。事實上只有眼前的這一刻存在著，而我們所說所想的一切卻全部依賴於過去發生的事情，這就是迷惑。」

仁波切：「聽起來很不錯，這是一個很好的表達方式。

這正是我之前所要表達的意思，佛法的論證不是唯一的方法。」

　　學生：「是不是可以說，想法或者說概念覺察是另外一種心的造作？」

　　仁波切：「你說的覺察是什麼意思？是類似於我看見、我聽見？」

　　學生：「是的。」

　　仁波切：「是的，這是對的。」

　　學生：「如果一切都徹底不存在，那怎麼可能知道任何事情呢？」

　　仁波切：「我反覆強調的是一切事物皆空而無我，我從來沒說過一切都徹底不存在。我們稍後再回到這個問題。」

　　學生：「您是不是說過看見的本質就是究竟的實相？」

　　仁波切：「是的，我說過。看見的本質是究竟的實相。」

　　學生：「您說的是『看上去』還是『看見』？」

　　仁波切：「看見。要記得，相對的實相是事物顯現的樣貌，究竟的實相是事物的真實樣貌。相對實相僅只是外表，究竟實相才是貨真價實的。相對實相屬於概念心的範疇、身

語意三者的範疇。任何有形的、可以被描述和想像的事物都是相對的實相，或者說看上去像真的，但並非真實。實相是超越了身語意的範疇，不是概念的對象。事實上，相對實相自身的本質就是究竟實相。我們之前已經了解到表面上看上去存在的事物，事實上並非有那個東西，這就是為什麼說其本質、本身就是究竟實相。」

學生：「所有的心理活動，比如對十二相依緣起的思維、信任和慈悲心，這些都只是煩惱的各個面向嗎？」

仁波切：「大多數情緒都落於我執的掌控。比方說，慈悲是一種情緒，可以是帶著我執的，也可以是超越我執的。只要還執持著『我』的觀念、『別人』的觀念，以及『感到慈悲』這回事，就還有我執。純粹的慈悲心是超越於此的。」

學生：「之前您提到一個術語：心相續的概念，我不太明白該如何理解，在相對的層面那是什麼意思？」

仁波切：「這是區別佛法不同宗派之處。下部宗見主張是，在前一剎那和後一剎那間有種鏈接，因此就有相續，不然的話怎麼可能有過去和未來呢？上部宗見則不支持這樣

的見地，我們還會回來討論這個問題。」

　　學生：「當一個人還在迷惑之中，尚未證悟，要怎麼理解死亡的觀念呢？」

　　仁波切：「事實上，『我將死亡』的感受，是基於『我』存在的想法，不外是我執而已。只要還有我執，就還有死亡，也還會有快樂和痛苦，還會造作各種業力，將來也會招感各種業報。然而當你達到了無我的離概念的覺醒狀態，那麼也就不會有自我的死亡，在你到達那個層次之前，死亡都在。單純的行善積福僅僅只能讓你投生在輪迴的上界中，解脫的唯一方法就是去證悟離概念的本然智慧，不再執持一個『我』。」

　　學生：「某些過去的事件令人記憶猶新，而有時候記憶卻模糊不清，這是為什麼呢？」

　　仁波切：「如果那是非常清晰的形象或者回憶，即是過去的感受所留下的印記。如果不是那麼清楚，則有可能只是對過去的殘存記憶，也有可能是白日夢和幻想的產物。」

　　學生：「仁波切，在這種覺知的狀態中，你用什麼詞語來形容我們通常稱為體驗的東西？」

仁波切：「什麼樣的覺知？你指的是本覺嗎？覺知也有很多層意思。其中的一種覺知僅僅是指別人說話的時候你去聆聽。如果我沒有覺知，就聽不到你說的話。這也是覺知的一種。」

學生：「我想你所說的是更高更深層次的覺知。在那種狀態中有體驗存在嗎？或者有另外一種描述的方法？」

仁波切：「我不是在說這個，你在說什麼？當我們覺得實際上並不存在的事物似乎真的有所顯現，這就叫做智識上的理解，因為我們會通過思想來這樣那樣地描述它。對於事物『虛幻不實的存在』直接的離概念的體驗就只是單純如此而已。這是大手印、大圓滿和中觀的見地，到了那時候你可以稱之為本覺。」

學生：「我們所說所做的一切都好像孩子氣的遊戲，你只是帶著覺知來看戲。」

仁波切：「你如何去體驗呢？」

學生：「用同樣的方式。我的體驗處於覺知的狀態之中。那裡有覺知，也有概念心。覺知在看戲，而同時心在想著諸如『我現在在自己的房子裡』等等事情。」

仁波切：「那麼你稱為覺知和心的，這二者的關係是什麼？這個心，這一切想法和表述，是由覺知產生的嗎？是覺知的侍者或僕從嗎？它們的關係是什麼？」

學生：「它們的關係是：從覺知的狀態中生起了困惑，就像是兒童的思想，而後一個人的行為舉止也變得像小孩子。覺知和困惑是並存的。」

仁波切：「你首先要能夠區分這兩件事情：覺知和你稱為心的東西，這兩者截然不同，覺知是離概念的，而思維的心則是概念性的。覺知是無錯謬的，思維則是錯誤的。當思維和固著存在的時候，無著的狀態就不在。而在離執、無念的那一瞬間，思維的心已經消逝不見了。」

學生：「它們同時存在。」

仁波切：「你應當好好檢視它們是否可以共存。」

學生：「僅僅通過檢視，你生起不了任何覺受。」

仁波切：「研究和檢視當然是概念性的思維、概念心，但在一開始這麼做是必需的。因為經由檢視我們將能發覺無概念的狀態：無念，一種遠離造作的離概念的心。在未來幾天內我們會更進一步的探討。」

4 體驗

　　再來看一看四法印。第一句：諸行無常，意思是說，如果一件事物是會改變的，那就一定是無常的。這是任何因緣所生的個體邏輯上的必然結果，並非只有佛陀才如此教導，我們運用自己的智識也能發現其真實性。此時我們的理解就和佛陀的教導完全相吻合。

　　在確定了佛陀的第一個法印的正確性後，下一個法印：有漏皆苦，指的是所有和煩惱業力相連結，或由煩惱業力所生的事物，都不可避免的會導致痛苦。這裡所說的業力，既包括當下為煩惱驅使所做的行為，也包括這些業行所導致的痛苦的後果。這些行為可以在完成之後才產生痛苦，也可以是在造作的時候就令人痛苦。換句話說，基於業力和煩惱的一切本質上就是痛苦的。第三點，雖然佛陀教導說一切皆空而無我，但我們的體驗、感受和信仰則恰恰相反。對我們來

說事物確實存在，並非是空，而且也有一個我。我們認為自己所經驗到的一切是看得見、摸得著的，堅固的、真實的。憑白說一切皆空是令人費解的，和日常的所見所聞發生衝突。就像某個學生對我所說：「那令人感覺不舒服。」要將佛陀對此的教導和自身的理解聯繫起來，需要一座橋樑。這座橋樑就是能澄清「一切皆空而無我」之意的哲學見地。

佛法的體系與宗派

佛法之所以有這麼多的哲學宗派，是因為佛陀的追隨者們智識水準各有高下。首先來把所有的哲學宗派分成兩大類：佛法和非佛法。非佛法的宗派有許多，在歷史上的佛法哲學辯論中有提到過，但現在沒有時間一一贅述，在這個階段也不是特別需要。

非佛法的哲學體系基本上有兩種傾向：虛無主義和永恆主義（佛法術語是斷見和常見）。常見的觀點堅稱有一個創造了萬事萬物、至尊無上的上帝，而當被創造者回心轉意取悅於神（他們自身的來源），就會被接納並重新吸收回這個源頭。上帝會清淨他們的惡業與煩惱，令他們與主合而為

一；如果他們得罪了神，作為懲罰將會被送到類似地獄的狀態中受苦。因此，為了能回歸主的懷抱，就需要正確行事。在這個體系中，一切都將是永恆的，因此被稱為常見。

另一種見地是斷見。字面的意思就是「斷滅見」，因為這種見解認為當前的一切確實是存在的，然而到今生死亡的那一刻一切都會土崩瓦解，什麼也不會留下。斷見不接受任何生命的連續性，死亡就像是水蒸發乾了或者火焰熄滅，是絕對的終點，這就是稱為「斷見」或者「湮滅論」的原因。我在這裡說明，這兩種見地對解脫都沒有好處。

在佛法之內主要有四個宗派，兩個為小乘，兩個為大乘。兩個小乘的宗派是說一切有部（Vaibhashika）和經量部（Sautrantika），兩個大乘的宗派是唯識派（Chittamatra）和中觀派（Madhyamika）。如果你能對佛法的四個宗派有一定程度的了解，將會是非常有益的。

佛法的這四個宗派都接受「諸法皆空而無我」的法印。然而對此的理解各有差異。分析這個法印要檢視四個要點：見、修、行、果。四部宗派中的第一部：小乘的說一切有部，持有一切所見到和經驗到的事物皆空而無我的見地。他

們認為任何大略的經歷和所見都是空，而且在任何地方都找不到獨立存在的實體的自我——這個「我」。說一切有部主張我們所聽到、所看見、所聞到的等等一切都是由某種東西所組成——物質的顯現是來自於某種基本的組成部分，或者說構成要素。打個比方，依照他們的邏輯，世界上最大的山脈依賴這個基本微粒或原子，當這些微粒群聚在一起時就形成了山巒。那就像是用麵粉做麵包：當足夠多的麵粉顆粒被揉在一起時，就被稱為麵包了。如果你手中抓一把麵粉，拋灑到很大的一片區域，將不會留下什麼痕跡，看上去什麼也沒有。如果在陡峭的山崖上又刮著大風，這一小撮麵粉會消失得無影無蹤。然而，麵粉會消失首先是因為有能消失的東西存在，對吧？同樣的，說一切有部主張世界上的一切——山巒、房屋、身體……任何事物，是由從不真正消失的微粒所組成。這些微粒還能被細分為更小的微粒，稱為原子。這些不可再分的微粒被認為是真實究竟的存在，所有其他現象則是空。

佛陀將這個道理教授給他的小乘追隨者，**聲聞**。這個教導很容易理解，很容易為他們所接受。不僅聲聞是如此，我

們也是如此。這種說法，有組成物質的微粒的真實存在，非常容易理解又符合邏輯。這符合我們的理解嗎？你們怎麼想？你們同意嗎？哪一個聽起來更好些：萬物都是由微粒所組成，抑或一切事物完全超越生、住、滅，是究竟空？你們怎麼想？請說說看。

學生：「第一種說法聽起來很棒，讓人有腳踏實地的感覺，真的很有道理，但大概經不起更深的推敲。」

仁波切：「你說的是最好不要去深入的檢視，不然的話我們所相信的可能會分崩離析，這會是很可怕的。學習一些諸如此類的理論是很好的，那對禪修有幫助，令整個過程加速，我們就能很快進步。成天只去一個餐館，到了那裡又只點一道菜，一口拒絕去其他地方或者吃別的東西，只能說是個固執的傻瓜。去各種不同的餐館，品嚐不同的菜餚難道不是更有趣嗎？你以後和別人聊天的時候就能有所比較，而且從自己的親身體驗中得出結論。同樣的，我們應當學習聲聞的見地而且試著修持。要想對教法生起某種確信，就免不了要做一些實修。這樣的確信和理解能讓我們為更高的修持和

學習上部宗見做好準備。

「一開始就斷言一切事物超越了生住滅，看起來很不明智，那就沒剩下多少空間來解釋，事情也就到此爲止。說一切外在的事物是空，內在的事物也是空，一切全是空，討論空也是空等等，都變成了紙上談兵，背後並沒有眞正的確信。在現在這個層面必須確定的是，是否存在這樣一種構造萬物的基本組成或物質？有沒有一種不可再分的微粒或原子，有沒有？假如你說有，那就和大部分的科學理論相一致；假如你說原子不存在，那麼至少和許多早期的科學信仰相矛盾。我們需要通過探討和自己的智慧來解決這個問題。」

學生：「我相信空性，我從小就這麼想。但由於家庭教育、學校等等，現在我對此沒有太大信心。」

仁波切：「好的。別人呢？問題是原子本身是否以不可再分的形式存在？」

學生：「愛因斯坦說，最小微粒有時候以有形的物質粒子的方式存在，有時候僅僅以能量波的方式存在，取決於觀察者。」

仁波切：「這種理論仍然主張有某種具體的東西，你不論把它叫做什麼，它仍然並不高於這兩種小乘宗見。回到有關微粒、原子的問題：如果有一種類似原子的東西，它是否有物質形態呢？它是物質嗎？原子的概念是構成一切事物的基本要素，在此之上，所有事物是以各種各樣的原子組合方式而形成，對不對？假如基本微粒是一種根本無形或非物質的狀態，那它可能構成物質嗎？」

學生：「最近原子不再被看成是鐵板一塊的物質了，能量使它顯現成物質的形態。」

仁波切：「聲聞學派肯定原子的存在，說它是一種物質。大乘的中觀學派反對這樣的說法，認為沒有原子存在，那也不是一種物質，而是空性顯現為物質。由於空性表面上貌似的實質性，就發生了物質的顯相。小乘學者無法接受這個觀點，反之，主張極端微小的粒子的存在，雖然無法為眼睛所察覺，卻具有具體的形態。當小乘和大乘學派聚在一起討論此問題的時候，比方說，一位說一切有部的支持者和一位中觀派的支持者，中觀學者會說一切事物都是空，因為你無法證明有任何一『物』的生住滅，一切事物都

是超越生住滅的。聲聞或小乘的學者會責難說這種說法太過份了，完全超出真實體驗之外。他會說：『假如你堅持一切皆空，事物不曾生起，不住於任何地方，也不會滅去，那麼就喪失了因果、前生和後世的基礎。你的說法使得一切變得毫無意義。這也意味著沒有苦集滅道，但苦集滅道當然是有的，不是嗎？』接著中觀學者會回應：『恰恰因為一切事物是超越生住滅的，生住滅的顯相才得以發生，如同夢境一般。正是由於事物根本的空性它們才得以顯現。』假如一個人的智力和心量都很平庸，他就無法理解最後這段論述，就會轉而接受和修持下部宗見。如果你能夠接受大乘中觀學說，就應該去修持它。

「說到自我的存在，普通人從來不會去質疑，但它只是五蘊和合被賦予了『我』的標籤。我們用『我』這個字眼來指代某種模糊的『東西』，不管那究竟是什麼。根據佛法理論，這個『我』是由色受想行識五蘊所成。如果每一蘊裡面都有一個『我』，我們將會體驗到許多個自我，但人們的自我感觀卻並非如此。另外一個重點是離開這五蘊也並沒有一個另外的『我』。我們毫不遲疑地稱作『我』的，就只是

這個五蘊和合的整體。比如說，『團體』這個詞是用來指代許多人的集合的。當這些人一一離去，那這個叫做『團體』的東西又在哪裡？這個標籤的應用僅僅是因為它似乎建立在某種基礎上。但你若仔細觀察，並不存在這樣一個恆常持續的基礎。個人是不能被稱為團體的，對吧？理解嗎？『團體』是用來描述一群人的集合。

「類似的，在平常的談話中我們會說『我看見』、『我懂』、『我知道』，這個知道者是否為永續的個體，是不同學派共同的問題。兩個下部宗派，說一切有部和經量部的回答是『是』，是有一種在延續的東西，一種非常細微的瞬間意識從上一剎那延續到下一剎那。大乘的上部宗派則說這種東西是找不到的。兩個小乘宗派認為時間是存在的，有著過去、現在和未來。然而中觀派的看法是，既然無法明確指出現在，又何談過去和未來呢？我們也許會用『當下』這個詞來區分現在，但就在你這麼說的那一刻，『當下』已經成為過去。你在哪兒都沒辦法精準定位當下這一刻。科學也是一樣：不存在時間的最小單位，對吧？然而持續性是基於時間的，如果持續的定義就是時間上的持久，而時間又不

存在，那麼怎麼可能有持續性這回事呢？這些通過不同方式所問的問題都是爲了幫助理解『諸法皆空而無我』。

「通過運用以上的推理和智力思考，我們能夠理解一切顯相皆空。但老實說，除非擁有來自禪定實修的智慧成就，不然是體驗不到一切顯相皆空的。比確立物質的空性重要得多的，是對無我的眞實理解和體驗——個體和個人身份事實上並非眞實存在。因爲執持有一個眞實存在的『我』的錯誤觀點，才導致我們在輪迴存有中不斷流轉。通過證悟無我，則能超越輪迴，徹證菩提。事實上，佛陀和眾生的分界線就在於悟入無我。

「表面上，或者說相對而言，所知的對象（客體）和能知的心（主體）確實存在。但事實上，或者說究竟而言，主體和客體二者皆超越生住滅，完全超越所有這些戲論。這是究竟實相的眞實情況，它的本來狀態。我們超越生住滅的內在體性，用佛法術語來說，稱爲『佛性』。

「第三乘金剛乘，將對無我的理解帶入切實的體驗。金剛乘的修持也被描述爲『以果爲道』，和以因爲道的經教乘相比，快速得多，也具有極大的優勢，這就是有時候此兩種

不同的方式被稱作因乘和果乘的原因。金剛乘也更具風險，因為它瞄準的是一個尚未完全成熟的果實。

「讓我們簡短的討論金剛乘的見修行。金剛乘的見地是什麼？是事物的體性，自然的狀態，禪修是讓我們能夠更深入全然圓滿的修行之道的引導。而行持則能斬斷虛幻的顯相錯謬的根源，最後道果呢？就是在離開這個身體和生命之前，達到窮盡迷惑的顯相，超越概念的狀態。中觀學派稱之為『遠離限制的本然體性』，意思是對此不再持有任何概念。大手印體系的術語是『了義之大印』，也就是究竟的本然狀態，真實的自然狀況。『印鑑』指的是輪迴和涅槃中一切表象和存在的現象都不能超越空性和覺知不二的甚深大印。這個見地也稱為明光大圓滿，意思是所體驗到的一切表象和存在的現象，都不能超越原始俱生清淨本覺的廣界。

「這三種偉大的見地：大中觀、大手印和大圓滿，都有一個『大』字，因為無論你修持其中的哪一個，都不會有較之更好的方法來戰勝煩惱、二元思維和概念化的固執。固執的行為無法斬斷固執，只有離執的狀態才可以斬斷執著。固執指的是所有概念化的見解，比如我們對於見地仍然執持不

放：『它就是如此。』當然，這種見解對於減輕普通的、僵化的，認爲有一個包含生命之眞實世界的固執有幫助，但永遠不能完全消除固執本身。要斬斷執著的根基，就需要獲得離執的見地。離執能斬斷執著見的根基。

「從果地起修是基於一個事實：六道有情衆生心中所具足的佛性，和諸佛所擁有的圓滿證悟狀態沒有任何差別。

「這三種偉大的見地：大中觀、大手印和大圓滿教導的就是這個究竟的體性。放下了我執以後，所剩下的無法用存在或不存在來說明，這個經驗的本質是概念所不能及的。

「有時候我們的本來狀態又被稱爲『原始清淨』。因爲本性是原始清淨，就不能說它具體存在。與此同時，它又本然俱足不可思議的功德特質：大智、大悲與大能，被稱爲『任運自現』。因爲任運自現，這個本來狀態也超越了不存在的局限。因此我們說：『本然清淨故，不囿於存有；任運自現故，不囿於不存。』這是眞實的狀態即諸佛之心，作爲修行者應當如此去實修。

「這個本然狀態、我們的眞實本性，需要原原本本地去證悟。就像之前所提到過的，取入證悟有兩種方式：經由分

析的學者型（班智達），以及經由『安住式禪修』的普通修行者。對於第一種方式，即分析式的班智達來說，你需要長壽以及許多閒暇的時間，以不落成見地學習所有汗牛充棟的經典。通過智識的理解，最終能體會到不同的經典和理論都是關於體性的直接教導，隨著就會明白所有的教法都是完全沒有衝突的。這樣的學習機會非常棒，令人更加容易對佛法生起真實無虛的信心。

「有時候學者們來找我並要求：『我已經學習了所有這些理論，但我真的需要得到心要教授，直接的指引。』這當然很令我高興，但也顯示出一種根本的誤解，所有的佛法理論和教導從一開始就是對此體性的引導。另一方面，一些修行者說：『我可不想和乾巴巴的知識教理學習扯上關係，這些都是毫無意義的空談。』這也是一種根本的誤解。如果你認為：『我不喜歡中觀，我不喜歡教理。我只想要大手印、大圓滿、本然清淨、頓超；我不需要讀任何典籍。』那你就全弄錯了，因為所有的佛法和教理本身，都是慈悲的佛陀的教導和直接開示。

「當然，每一個人都有自己的傾向，不同的業力習性，

因此可能會對一種方式比另一種方式更加感興趣。這是完全沒有問題的，重點在於要達到某種理解，獲得一些成就，不管你用什麼方式，重要的是結果。

「說到對事物本質的體認，教法中解釋了三種傳承方式：密意傳承、表徵傳承和口耳傳承。『密意傳承』是當具有真實證悟的上師，遇見了具器的弟子，那麼僅僅是通過同時安住於無造作的禪定中，和上師無二無別的證悟將在弟子的心中生起。不需要任何語言，不需要象徵性的指示，證入無我的智慧就降臨在弟子身上。這就稱爲『密意傳承』。

「『表徵傳承』是，譬如說，當上師指向天空說到『看著虛空』，或者他只是手持著水晶，或者打個手勢，或者做一些簡短的暗示，僅僅通過這些象徵性的舉動，就能引發弟子心中的證悟，就叫做『表徵傳承』。第三種『口耳傳承』，指的是弟子通過聽聞少許重要的教導、一些竅訣，而非長篇大論的解釋就獲得了證悟。這是通過語言傳達的口耳傳承。

「我們需要去遇見那位究竟的上師，內在的實相本身，超越了生住滅和一切戲論。爲了要能證悟或者被引見到這位

究竟上師，就需要依賴另三種上師，就像之前說過的。讓我們回顧一下這些不同的上師：第一種是『人身傳承上師』，是一個活生生的人。他或她應當具有從智識理解、體驗和證悟中獲得的證悟無我的智慧。人身上師應當屬於具格上師們的代代傳承，這些上師們擁有從未損減和無間斷的口訣心要。我們應該去和這樣的上師產生連結，不是僅僅去覲見或者社交，你應當真正地吸收他所擁有的品質。這樣做之前，你首先要小心地檢視這個老師。人們常常說，一開始你要善巧地檢視一位上師，接下來要善巧地如法追隨他，最終你要能善巧地吸收他的智慧特質。我們應當具備這三種善巧。

「當你檢視一位上師，你應該要去了解他是否持有一個真實的口耳傳承。此外，要觀察他個人是否確實具備從聞思修而來的功德特質。

「追隨一位上師並非僅僅是和他社交一下，和他在一起聊聊天吃吃喝喝。這不是追隨上師的意思。我們應當利用和他相處的時間，盡量地吸收他的善妙功德。這麼做的方法就是要聰慧的理解如何去修持並且精進地依教實修。

「第二種需要去追隨的上師叫做『聖者經教上師』，指

的是佛法典籍。如果能夠學習佛法所有浩瀚的經典和教理當然是最好的，但如果沒有時間，至少應該去學習禪修的手冊和指引（藏文中稱為 tri）。這些教本應該是正宗的，這表示你在花時間學習之前要先了解是誰寫的。作者是一位具格的老師嗎？一位真實具格上師的著作是貨真價實、極具價值的。最好的情況，他是圓滿證悟的導師；其次是住地以上的菩薩；至少也必須是在許多知識領域學識淵博的班智達。學習這樣的典籍能夠真正實現一些功德利益。通過這種方式，經典就稱為我們可以去追隨的上師。通過這第二種方式善巧地和上師相遇，將有利於我們的智慧證悟。

「第三種上師稱為『經驗表徵上師』。你應當去研究體會今生所經歷的各種不同體驗，不管它們的顯現是持久還是短暫、快樂還是痛苦、有所收穫還是毫無意義。這種研究的成果是你會理解到輪迴經驗的本質是虛幻而不能持久的，猶如夢境或魔術的幻影。當你獲得這些體悟，就得到了你的『經驗表徵上師』的教導。

「一切皆無常，沒有什麼能永恆不朽，不管是在粗大的層面還是在微小的層面，沒有任何事物能夠超越無常，也沒

有什麼具有核心價值。比如說，第一眼看上去，某人的身體可能令你著迷，值得更加親近；但若仔細檢視，只不過是皮、肉、血管、脂肪、內臟、骨骼、骨髓等等的集合體。如果仔細檢視任何物質，沒有什麼真正的核心和本質能令我們滿意。

「拿桌上的花瓶舉例。花瓶的顏色很漂亮，表面上有手繪的花朵。你會想：『多美啊，我也想擁有這樣一只花瓶。』但當它摔落地板破碎的那一刻，就不再有你想擁有的東西了，它的歸宿是垃圾桶。事實上，如果我們能夠正視事物的真實狀態，其內在並沒有什麼核心價值。如果真的能將這一點牢記在心，並且了解這世上的萬事萬物皆無常，因此對它們的追求終將徒勞無功，那麼就不會被任何的輪迴狀況所束縛。

「所有的人都追求快樂和生活的舒適，但不管你問誰，沒有人會承認自己的境況絕對完美，沒有任何問題和擔憂。你不會遇見這樣的人，因為似這樣完美的幸福狀態是不可能達成的。一切都不會持久，沒有什麼東西擁有真實持久的核心價值。實際上，大多數人都在一種莫名的焦慮中生活，老

是有一層淡淡的恐懼，擔心事情可能會出岔子、自己可能生病、可能會死去。這種焦慮是希求和恐懼的根源。我們希望事情能夠順利解決，害怕事情不順利、出毛病。人們的眼神會流露出擔憂，那是一股微細但持續的潛流，直到希求和恐懼變成現實的那一刻。事實上，我們一直在希求和恐懼的狹縫中行走。

「當一個人由衷體會到事物不能持久和不值得去追隨的事實，這個人就是一個名副其實的佛法修行者或者說具有靈性的人。這種人會認為追求世俗的成就沒有真正的價值，他或她了解世俗的目標無法帶來真實的快樂和滿足。這種態度源於他對於這個世界上的事物不能持久、缺乏真實價值的某種洞見。帕當巴桑吉說：『爾等的相聚是如此短暫，猶如在市集上的片刻相遇，因此夫妻啊，別把時間花在吵架上。』所有的家庭關係都是如此，非常短暫，不過數年而已，因此別浪費時間爭論。

「我們應該感謝什麼人讓我們明白輪迴就是如此？真的應該感謝輪迴的本質，因為事物的本質就是無常和徒勞的。它的示範者——日常的生活經驗就是我們的老師。我再重複

前兩句箴言：諸行無常、有漏皆苦的原因是讓我們能夠真實理解『經驗表徵上師』。當我們對於諸行無常和有漏皆苦生起信心，就當面遇見了『經驗表徵上師』。

「藉由遇見和連結前三種上師的恩德，我們得以遇見和證悟第四種上師，叫做『內在體性的究竟上師』，也就是自然俱足的覺性本身。說了這麼多一切皆空而無我的主要目的，就是為了讓我們準備好和第四位上師相見——我們內在體性的究竟上師。

「我們現在可以開始討論。」

學生：「關於過去和未來，為什麼說痛苦從無始以來就存在，而痛苦的熄滅又可以是永恆的？」

仁波切：「你的問題是假設時間不存在？」

學生：「是的。」

仁波切：「這就是要去分別相對的和究竟的實相的原因。在究竟的實相中，時間不存在，這就意味著當你證悟到究竟實相，時間就不存在了。然而直到那樣子的證悟發生之前，時間在感覺上還是存在的。我們現在可以推理、揣測和在智識上理解時間不存在，但是除非你做了大量實修，你並

不會眞的產生這樣的體驗。和一個甚至從未質疑過這一點的普通人相比，能有『時間是否眞實存在？』的揣測當然已經進了一步。你會發現確實無法斷言時間的存在，但這僅僅是一種智識理解。這和科學家運用儀器、激光光束和粒子光束等來斷定單一的原子不是眞實存在是一樣的道理。科學家是運用物理儀器確定的數據，得出物質存在的基礎是不穩固的結論。然而他自己的整個生活結構仍然是具體而堅固的。這就是相對實相和究竟實相之間的差別。」

學生：「佛陀的智慧是究竟實相，對吧？那麼對他來說相對的實相會有怎樣的改變？會分崩瓦解還是消失不見？」

仁波切：「所謂的相對實相還是在那裡，既未損壞也未改變，但『這個是這個，那個是那個』的概念不見了。對於我們來說，會開始產生一種遠離概念的自由寬廣的感受，慢慢的就會演變成全知的證悟。」

學生：「內在的覺醒具有任何眞實具體的存在嗎？」

仁波切：「當用到『自然存在』或『內在覺醒』這樣的術語時，聲稱我們內在的覺醒狀態，這個本自俱足的覺性存

在抑或不存在都是不對的。它超越了這種表達方式。這就是
為什麼會用『超越概念』這樣的說法。」

學生：「我心中對一個事物的影像和我對它的稱呼好像
是兩回事？您能解釋一下嗎？」

仁波切：「心中的影像和你賦予它的標籤確實是兩回
事。為了能澄清這一點，在教理中會運用『把物體和其名字
混為一談的念頭』的說法。這種思考方式是我們成長環境和
教育的產物。與之相反的是，有時候心中所想的可能沒有一
個與之相對應的名字，這是因為你還沒有學習過它的名字。
因此心中的影像和它們的標籤是兩件不同的事情。」

學生：「覺知的發生需要多長時間？」

仁波切：「很難確切指出需要多長時間。感覺上視覺印
象是立馬產生的 —— 你一睜開眼睛就立刻看見東西。事實
上，視覺過程是心識將一系列微小的瞬間組合在一起產生覺
知的過程，很難界定這些瞬間到底是多長。長和短是相對而
言的，是不是？」

學生：「當我走到陽台上，樹上的鳥兒就會馬上飛走，
牠不需要看見我出來很久才作出反應。」

仁波切：「如果牠總能很快飛走，就沒人能打到牠了。這其實是個很好的證明。你認為牠的反應是『馬上』，但實際上牠並非馬上。又或者那只是湊巧。在你走出去之前，也許那隻鳥已經準備要飛走了。牠並非在你出現的那一刹那飛走的。你出現，牠注意到你，感到不安，然後飛走——這些都需要時間，即使不是很長時間。」

學生：「假如佛陀來到我家，我請他喝杯茶，他會不會想：『我需要這杯茶嗎？』還是說相對實相和究竟實相同時在他心中生起？」

仁波切：「如果佛陀來到這個世界，他來此是為了利益他人。如果你供養他一杯茶，他會自然的反應：『好的，謝謝你。』然後為了令你歡喜而喝了這杯茶。如果他僅僅只是由光所成魔術般的幻影，你會很難對他生起信心。佛陀有兩個層次的感受：他或她的個人感受，以及他人的感受。他的個人感受超越任何生住滅的概念；但同時，他的分辨覺知又能覺察到他人的感受。不只是佛陀，過去一些成就的修行人也曾這麼說：『一方面，萬事萬物都全然開放，以至於我可以自由出入堅固的岩石。另一方面，萬事萬物又都涇渭分

明。』比如說，佛陀能對著一大群人說話而不需要停下來檢視每一個人，他能了解每一個人，無論是否曾見過他們。他也會了知自己對他們的教導，與此同時覺知當下的一切時空狀況。對於佛陀來說，這兩種層次是不相矛盾的。兩者都是一位證悟者的體驗。簡而言之，佛陀看到其他眾生的迷惑所見，但佛陀自己是遠離迷惑的。」

學生：「當我們被引見到自己的內在體性，就是所說的清淨觀嗎？」

仁波切：「清淨觀有兩種：作意的和真實的。在禪修練習中你應該去嘗試視一切為清淨，這意味著我們並沒有自然的視一切為清淨，而是試著去這麼做。真正圓滿的清淨觀，稱為『遍及一切顯相和存在的清淨』體驗，是對事物的本質和體性完全離開戲論並且沒有邊界的直接感知。這種體驗也超越了淨與不淨的概念。

「根據金剛乘的教法，它包含以清淨觀為道的修持，我們應該在五重圓滿（有時候又叫作五種確定）的架構下學習佛法：處所圓滿、導師圓滿、受眾圓滿、教法圓滿和時間圓滿。應將老師的話語當作佛法，將他的心念視為佛陀，將

他的身體視爲僧眾。清淨觀並非僅僅指向給予開示的上師，也應該包括其他的參加者，並將自己視爲未來佛。我們當中的一些人已經深入法道，另一些則剛剛入修持之門。然而作爲個人沒法完全評判和估量任何其他人的水平和進步，要了解他人的體驗是不可能的。有鑑於此，保持相互之間的尊敬和欣賞，將金剛乘的所有行者都看作勇父和空行要好得多。懷著一種虔敬和尊重，心想：『多麼好！多麼偉大！多麼善妙！』作爲金剛乘的修行者如果彼此能夠懷有這樣的敬意和欣賞，那麼批評、貶低、中傷、嫉妒和競爭的基礎將會逐漸消失。清淨觀或者說聖觀的修持是很重要的，不僅僅是對上師，也是對所有教法的參與者。總而言之，請試著用五重圓滿來學習佛法。」

學生：「遍知一切的智慧和在這個世界的行動力，這兩者有聯繫嗎？」

仁波切：「正是由於擁有如是了知究竟體性的智慧，才能清楚地看見和對待一切時一切處的所有事物。這兩者絕對是統一的。」

5 竅訣

　　四部宗派也好，藏傳佛教的四個主要傳承也好，都認為外在的顯相是空，自我並非真實存在。現在，我們將用三轉法輪，又稱為「完全揭示的第三轉教法」，這部分包括大手印和大圓滿的見地。

　　通常在佛法教導中，把第四種究竟體性上師，亦即本自俱足的覺性或內在的智慧稱為「佛性」或「如來藏」。在《教法指引》中，則稱為本覺。教法指引能幫助摧毀迷惑之網。當然，教法中有許多詳細、簡短以及極其直接的方式來拆開迷惑之網，其中大手印和大圓滿的特質在於專注要點。一位上師通常有三種職責：給予灌頂、教授密續和解釋指引。關於後者，誰在被指引？指引到何方？誰給予指引？指引的又是什麼？

　　需要指引的是誰？任何迷惑的有情。他們將被引導至何方？到達解脫和全知的狀態：圓滿的證悟。指引的方法是什

麼？給予口傳的要訣：箴言或引導。給予指引的是善知識：
嚮導。這一切的目的都是令你對教法指引了然於心，並能將
其含義付諸實修。

本質是空而又自然覺知、帶著執著的心靈狀態，被稱爲
二元心識或者二元思維，在藏文中是 sem。本質是空而又自
然覺知（二者在兩種情況中都不可分離），而且遠離任何執
著的心靈狀態，稱之爲本覺，在藏文中是 rigpa。本覺的定
義就是遠離概念、煩惱和二元執著的覺知；本覺的對立面，
藏文是 marigpa，可以翻譯爲不覺、不知或無明。

認出並保任本覺

一切智慧之基礎是法界體性智，本身就是本覺。煩惱的
基礎是無明和概念思維，兩者都帶著攀緣、執著和迷惑。我
們需要將心識和本覺這兩種狀態區分開來。大圓滿教法中
說：「根即本然，道即體認，果即實證。」關於如何認出並
保任本覺的教導相當清楚。大圓滿中有「直指心性」的教
法，包含引見本覺，帶你直面根本的、離念的覺知。在共通
的教法中，稱爲見到「內在本然」或者「如是實相」，這意

味著它不是膚淺表面的，而是真實的、究竟的見到。

當上師指出本覺，弟子需要首先認出它、體悟它，這以後就要維持這樣的體認。本覺並非禪定的「產物」，但是本然的覺知是「能夠」被維持的。本然的覺知指的是什麼呢？覺知它本來就是遠離煩惱、遠離二元執著、遠離概念思維的，但絕對不是不省人事、毫無意識的狀態。維持或保任這個詞，通常指的是剎那連續地保持、守護、長養某件事物。在這裡所要保任的是本覺的相續，它超越了二元心識。你只需要維持相續的覺知就夠了，那不是一種刻意的概念性的舉動。

在這個過程中有三個步驟：體認、長養和穩固。對此有個傳統的譬喻：體認就好像擁有了鮮花的種子；長養就好像播種、澆水和施肥；穩固就好像植物完全長大並開花結果。穩固來源於長養，長養來源於體認，後者依賴前者。因此，第一步也是最重要的一步，就是體認。沒有體認，就不會有長養和穩固；不播種，就不會有植物的長大和成熟。

學者的方式和單純的修士方式都有助於對究竟實相的了解。學者通過聞思對內在的體性，究竟實相生起確定。禪修者則從具格上師處接受些許心要教授。在證悟究竟實相之

前，不應該忽略對教法的聞思。

　　首先，依賴上師的口訣教授，仔細的審查赤裸和本然的覺知，直到它不再是一種臆測，這就叫做「體認你的本性」。要記得，究竟的上師是你本自俱足的智慧。我們追隨的另外三種上師當然恩重如山，但他們並非究竟。前三種上師皆是短暫易逝的：人身上師將會逝去，經典終會湮滅，經驗表徵的上師也會毀壞。很難說這三種上師誰的恩德更大，其實他們的恩德是同等的。我們自己的人身上師當然是深具師恩，但若沒有經驗表徵的上師，又如何能生起出離心呢？這樣看來他們都同樣的寶貴。

　　如此上師和輪迴生活兩者都很恩慈。你甚至可能說：「我禮敬上師，我禮敬輪迴。」你可以這樣去理解。然而說「我禮敬」和「謝謝你」之間還是有差別的。也許對輪迴說一聲「感謝！」聽起來更棒。

　　因此，究竟的上師是本然的覺知。在你親身證悟這一點之前，就還沒有遇見自己的究竟上師，僅僅是連結上了會滅壞的上師。他們具有仁慈的恩德，能為我們指明道路，但他們不是究竟的上師。真正需要去證悟的，是我們內在本俱的

覺性。依賴外在上師，你要去證悟的是自己已經擁有的：你的內在。在你身上同時具有無明和本然的覺性，你必須以內在的智慧清除無明。內在的智慧可不是什麼從你的上師那裡借來的東西。

究竟的上師、本然俱足的覺性，正是我們需要去證悟的。假如能夠真實了悟究竟的內在體性，就不用去三年的閉關靜坐了。如果不能了悟，那麼屁股坐上一百年也沒什麼大用。這裡有一個關鍵、至關緊要之處，歸根究柢就是：你是否理解它？你是否證悟它？只要尚未證悟其本面，就將在輪迴三有中打轉；只要體認到它，就能證悟，如此而已。當你這麼看，你就能清楚看見自身同時潛在的巨大優勢和危機。

我們落入煩惱窠臼的心、概念思維，從本質或者根本標誌來說，就是本然俱足的覺性。但請仔細理解這一點：煩惱和二元執著本身並不是法身的本然狀態，煩惱和二元執著的體性是法身，這是沒錯的。它是依賴上師的口訣教導而證悟的。上師將他對究竟實相的體驗傳達給你，他說：「這就是我的體驗，你也有同樣的體驗嗎？」然後我們自己去看，並且說：「是的，確實是這樣。」心性體認的傳遞其實就是這

麼簡單。

　　問題在於，這個重要的本質、法身的本然狀態離我們是如此之近以至於看不見它。它是如此輕而易舉，反倒變得難以置信。它是如此熟悉，反而顯得陌生。當你太熟悉一件事情，就像你太熟悉一個人一樣，不會對他或她有太大的尊敬和深深的感激。而當一個新人走進來時，你反倒會站起來，合掌表示恭敬。因此有句話叫「親不尊、熟生蔑。」和一個人最接近的其實是他自己的佛性，但我們卻不尊重它，對它缺乏真正的欣賞。因為不懂得欣賞，就視若無睹，傻乎乎的到他處去尋覓。因此教法說期求證悟從他處而降實在是非常愚蠢。

對覺知生起確信

　　佛性就在自己內心，本然俱足的覺性是與生俱來的。正因為如此，當我們自己的傳承上師用一種直接、實在的方式將它傳達給我們時，你就會體認到它，承認說：「哇！它原來是這樣子的！」這個過程和僅僅使用與心性相關的詞語一點關係也沒有，你需要和它們的內涵建立真實的連結，並

體認到心的本質。

　　這個內涵就是你赤裸裸的覺知之本面，遠離一切預設和臆想。本然的覺知就是內在的覺醒狀態，如來藏。「赤裸」在這裡的含義是真實無虛。日常用語中，赤裸的意思「不穿衣服」。讓我們來探討一下這層意思。不穿衣服走來走去其實是相當難堪的事情。衣服不是人本身，僅僅是一種粉飾和遮掩。真實的、原本的身體就是赤裸無衣的。人們有文化差異，在某些文化中，一個人必須裹住全身，另一些文化則堅持一定要遮住上半身或者下半身，還有一些文化你不需要遮住任何部位，但同時其他文化要求你連臉都遮著。著裝規範取決於不同的文化習俗。因為風俗習慣，假如有什麼人不穿衣服跑來跑去，其他人就會說：「他真是瘋了。」這是思想的產物，思想造作的戲論。這就是我們所說的社會習俗。

　　社會習俗並不總是一致，但很有力量。「赤裸的覺知」指的是遠離概念思維和二元執著的外衣。是什麼令我們不能得見覺知的赤裸面貌？是我們的臆想。這分兩種層次。粗的來講是一眼望去的粗略想法：「啊，那邊有個東西！」這是一種對客觀現實的真實感；細的層面是一種微小的標籤，令

我們能分辨並賦予生活中各式各樣的事物不同的名稱。這兩重心理活動覆蓋了赤裸的覺知。直到我們能切實看見、而非造作或者模仿此赤裸本性之前，都應當運用聞思和禪修訓練來細察自己的心。

　　覺知也被描述為開放無礙，意思是說不為臆測所阻礙。對於本然狀態之特質的智識學習，能令人對它是什麼生起些許智識推想。但究竟而言，那只是臆測，並非真實。倘若缺乏對究竟狀態的直接體驗，你只能假設或揣測要去體認的那個東西。

　　覺知是本質為空而又自然能知。這兩種特質：空和覺，並非兩件分離的事物，但也不是一個具體的「東西」。重點是，當你體認到覺知的本然狀態的那一剎那，八萬四千種煩惱中的任何一種都會失去藏身之處。前面講過的那種微細的焦慮感不再存在，希求和恐懼不再存在，在《文殊真實名經》中亦說「真實之義離恐懼。」

　　僅僅瞥見這種覺知狀態一兩次是不夠的，你必須對它生起確信。對於上師為你引見的這個，你需要決斷和信心。在剛剛瞥見究竟狀態的時候，是有可能有一種不確定感，不完

全自信。其結果就是有點懷疑或疑惑，想知道「我剛剛體驗到的真的就是？還是不是？」這是因為你尚未能決定。

追隨上師的真正目的就是為了能釐清此三點：體認自心本性、於此生起決定、獲得解脫信心。一開始，最重要的是能認出自己的本性。認出之後，就需要決定，以獲得確信。得到確定後，要能於體驗中落實。最好的方式就是短短片刻的體認，但是重複許多次。這就是「保任」這個術語的意思：短暫的重複這種體認，但要頻繁。對於自己的佛性偶爾驚鴻一瞥是遠遠不夠的，你必須對它生起確定。而且僅僅確定也還不夠，你需要不斷的練習直到獲得穩固。光有植物的種子還不足夠，種子必須被種到土裡，得以茁壯成長。這一點很重要。

區分二元心識與本覺

就像我之前提到過的，我們需要去區分兩種狀態：二元心識和本覺，亦即藏文的 sem 和 rigpa。Rigpa、本覺，是不離空性、遠離心識造作的覺知。Sem 則是二元的心態。事實上，sem 和 rigpa、二元心識和本覺是同時並存的。當有

二元執著時，就是 sem、二元執著，或者說 sem、遮障了本覺。當二元執著分崩瓦解，那就是本覺。不能了知或體認佛性爲佛性、本覺是本自俱足的覺性，會使得我們在輪迴中流浪。這種無明稱爲「俱生無明」，就只不過是無法認出自己的本性而已。由此，我們又誤以爲客體是可以抓取的外物，並賦予其標籤，這個過程稱爲「遍計無明」。

用一個簡單的例子來陳述這個過程。你在一個黑暗的地方，看見地上躺著一條斑駁的繩子，但你不知道那是什麼，誤認爲是一條蛇而且嚇壞了──這完全沒道理。同樣的，凡夫的心以假爲眞，給事物貼上標籤，將不存在的東西當作爲存在。

我們將自己不淨和錯謬的煩惱當作爲清淨，將迷惑的顯相當作現實，由此遠離戲論的清淨法身就變得不清淨了。簡單來講，就是不能認出覺醒的心、自己的本然狀態。因爲這個原因，就墮入煩惱殼中，造作許多惡業，其結果就是不斷的在輪迴三有中投生，承受無盡的痛苦。這個過程稱爲「本覺失去了它的寶座」。我們養成了迷惑的壞習慣，這是墮入輪迴的根本原因。當我們徹底遠離了身語意的迷惑，就有可

能直接面對遠離臆測的赤裸覺知。

密勒日巴祖師說：「做大手印禪修時，不要讓你的身體和語言忙於善行，因為這有可能令無念的覺性消散。」意思是說，在練習大手印的見地時，應該放下凡俗帶著自我傾向的行為，即使是世俗的善行，也要放下頭腦的種種構想和言語的造作，比如念誦。這說的是初學者。當我們深入修行之道，對心之本性越來越熟悉，就能將大手印的見地和善行融合起來，而不必擔心干擾禪定的狀態。這時候教法則說：「當你能不從大手印狀態中動搖，那麼不但可以從事善行，甚至平凡的日常行為也不再能束縛你。」安住於大手印的見地時，有時候你可以顯出快樂的樣子，有時候又可以佯裝悲傷。許多偉大的上師都具有這種程度的證悟。

讓我來澄清一下可能令大家感到疑惑的一點。行持善行、心中生起見地的概念、言語的念誦等，都可能是很有益的行為。初學者應該將他們的修行分為僅只是從事善業行持的時間，和僅只是用來禪修大手印見、離概念的覺性的時間。和憤怒相比，慈悲是高尚而有益的，但和離概念的覺性相比，慈悲還是披著概念的外衣。只要有概念，就有執著；

只要有執著，就會障礙和遮蔽無概念的覺性。一幅黑色的窗簾當然會擋住光線，但一幅精緻絲滑的窗簾也會擋住光線。

當然在佛法中慈悲心有不同的階段。超越了投射在其他眾生身上的普通慈悲心，是「以實相為焦點的慈悲」。這指的是將注意力轉向一切顯相、一切事物，並看到一切都是無常，都不可持久。事物貌似存在，其本身卻沒有任何核心，一切都是空。當你了解到迷惑的心識狀態不是證悟，因此是錯謬的，你就會對這個沒有證悟萬物空性和無常的迷惑心識生起極大的慈悲心。

以有情為焦點的普通慈悲心，和以實相為焦點的慈悲心仍然都是概念性的，兩者之中沒有一個是對空性的直接體驗。第三種慈悲，稱為「無緣大悲」，才是對空性的直接體驗。

當在解釋覺知的真實狀況時，老師有時會說：「此刻你並不需要平常概念性的慈悲心。」請正確的理解：正是由於概念性的愛和慈悲，你我才能證悟空性。愛和慈悲的心識狀態是一種非常純潔的心識狀態，一種非常「乾淨」的概念。信任和全心全意的投入是非常乾淨和純潔的。因此，它們為

離概念之覺性的發生創造了非常好的環境條件。但是它們本身，並不是離概念的覺醒狀態。

對一個初學者、一個普通人來說，他的慈悲、愛和信任，帶有偏見並不停起伏。有時候我們覺得自己的慈悲心含攝所有人；有時候範圍急遽縮小到少數幾個有情眾生，還有些時候徹底消失了。但是直接體悟了本自俱足的覺性的瑜伽士或修行者，心中的愛和慈悲是不會改變，也不帶任何偏見的。這一點很重要。一開始確實需要發展愛和慈悲、信任和虔敬心，因為這些特質令體驗離概念的覺性成為可能。然而，在專注於大手印見、離概念的覺性時，並不需要刻意引發普通的愛和慈悲，因為那是概念性的，會因而障蔽了見地。

維持覺知的相續

如何去摧毀身語意的迷惑呢？首先，讓身體保持放鬆的姿勢，避免僵硬和緊張。最好的姿勢是毗盧遮那佛的七支座法。要放鬆語音和呼吸，不要去控制它們。心意上的準備，就是發起對一切生命的愛和慈悲心 ── 菩提心以及對傳承祖師們的信賴與虔敬。

　　接下去的正行就是讓離概念的覺醒狀態逐漸展現。隨著覺知的展開，一開始會有電光石火的一瞬間，心完全遠離煩惱和一般思維活動。這種極其清晰、鮮活和赤裸的狀態似乎無法持續很久，幾乎馬上就又消失在概念的密林中。這是因為你尚未對它習以為常，還沒有足夠的練習來讓你熟悉它。你也許會想：「啊！這就對了。我明白了！這就是本覺的面目，這就是非由緣起和合的空性和覺知的雙運本質！」又或者會想：「喔不！現在我失去它了。它不是這樣的。這是不對的！」但是（這一點很重要），我們對本然狀態所投射的任何想法，無論是正面的還是負面的，都立馬會遮蔽這個本然狀態！這裡有一個非常棘手的問題。概念化的「禪修」是錯的，但如果因此而不去練習禪修也是錯的。本然的覺性是「本自俱足」和「內在的」，這就是說那是我們已經擁有的天然財富，不需要再去創造它或造作它。它已經是我們的根本體性，同時也早就是覺空的雙運。因此，僅僅維持覺知的相續就好了，它是真人秀，可不是排演。要記得，覺知不是什麼新鮮事，也不是為了某個場合而發明的。

　　當我們接受心性指引時，上師再給予一些切實引導後

會指出：「這就是了！這個就是你的佛性，它是覺空不二的！」我們的任務就是要能隨之體認、領會到這種狀態。經過一兩次的引見，你可能會覺得：「現在我明白了！現在我已經體認到佛性。」但到此為止是絕對不夠的。這就類似於別人給你一顆花籽，並告訴你：「這是一顆貨真價實的花籽喔。」如果你接著把它拋在腦後，漫不經心的，也不把它種下去，它就永遠不會成長。

你也許已經通過一位金剛上師的口訣指引，直接體認到本覺的面目。但除非你能夠一次又一次的重複安住於這個狀態，否則概念思維會一直打斷它的相續，你就無法保持赤裸覺知，它會一再的被覆蓋。換句話說，不通過練習你很難把握對本然狀態的體驗。

首先，即使教法告訴我們應無念而安住，有一個特定的想法是完全必要的。一開始時你應該這麼想：「我現在應當保任覺知的本面。」這就是「正念」。這是一種提醒，也是一個念頭。然而在五花八門的念頭中，正念是最有益的，因為這個特定的想法將引導你進入離概念的覺醒狀態。缺乏這種想法和意願，維持覺知的狀態是很困難的。雖然我們會散

亂，但這個念頭出現得越頻繁，你就越能保任覺知的本來面目。因此不論是在所謂座上的禪修，還是從事日常活動，都應該保有這個念頭。當散亂生起時，應該不斷的用以提醒自己。首先，原原本本的認出本覺，接著當忘記去體認的時候，運用正念來提醒自己。如此一來，不論你去到哪裡，做什麼事情，都能在道地上快速的進展。如果能做到這兩件事：體認本來面目和不斷保持正念，即使是待在擁擠不堪、嘈雜混亂的大城市中，你也能飛快的進步。離開這兩個基本要素，即使持續在遠離塵囂的山洞中閉關，也不會比老虎和山鹿強多少。

如果我們還不曾體認到覺知的本來面目，對空性也不具備任何洞見，那就不可能真正去貫徹和實踐這樣的洞見。從另一方面來說，如果只是對心的本來面目有那麼一次瞥見就想著：「喔，我明白了。這就夠了」——再也沒有比這更糟糕的誤解了。

正念的重要

再說一遍，首先，重中之重是要認出自己的體性；接下

來，你要去訓練和圓滿這種體認的力量。訓練的唯一方法就是保持正念。一次又一次的提醒自己：「我應當安住於本覺」，這個正念應該如同源源不斷的河流，持續而穩定。流水是不間斷的，不會游移不定。正念的運用也應如此。

正念在三乘中都是必須的。同樣的，在世俗生活中也需要正念，因爲當你心在當下，你就會溫和而仔細。在小乘修持中，上座部佛教認爲細心和正念是不可或缺的。在大手印和大圓滿中，正念也許被認爲是一種概念心，一種念頭。然而正是這種概念思維引導我們趣入離概念的狀態。

話說到這裡你也許會想，我們爲什麼不可以維持那種完全遠離念頭和概念思維的狀態呢？爲什麼不讓自己一直沈浸在離概念、不間斷的覺醒狀態中就好？爲什麼這種狀態不能自動發生？那是因爲我們不習慣這樣的狀態！正因如此，需要扣動正念的「扳機」。所有的念頭之中，最棒的念頭就是：「我必須維持本然的覺知！」這個想法將導向離概念的狀態。

爲了能以此當下之心提醒自己，就需要意識到這種離概念的覺知的重要和珍貴。當你了解到覺知的本來面目所擁有

的功德特質，就能自動對之產生興趣和信心。但你感受到這一點，就會自然而然的想要將本覺付諸實現。在這裡，一件事情依賴於另一件事情：興趣和信心互相支持。當你真正體認覺知的本然狀態，自動就會生起興趣和信心。如果你尚未能真正完全體認到它，就會落入懈怠和拖延。如果真正意識到再沒有什麼比離概念的覺知狀態更重要、更有價值，你就不需要強迫自己保持正念。

當你的生命中要發生某件重要的事情時，會令你全心全意的關注它、對它著迷，它在你的腦海中將揮之不去。早上一醒來，你會想到它。令我們恐懼的事情也是如此。你特別珍視的事物和你深深害怕的事物，這兩種情況都能完全抓住你的注意力。

使得我們致力於任何佛法修持的全部原因，以及一切教法的核心，就是如何達到圓滿證悟，除此之外絕無其他。為了能接近這個目標，就產生了這些悅耳動聽的教法，以及洋洋大觀的宗教文化。因此，當教法告訴我們覺知的本質就是佛心（而且你真正完全了知這一點），你就不可能不想要去付諸實修。我們會情不自禁。舉個不恰當的例子，就像是毒

品上癮。沈湎於海洛因的危害極大，但就是因為如此迷戀於這種感受才會不可自拔。

同樣的，當你親身體認到內在的覺醒狀態，就會獲得真正的信念和信心。其他類型的信心僅僅來自於假設老師是對的，因為他坐在高高的法座上，看上去很棒，說話也很有說服力，你就覺得他說的大概是真的。也許他的話邏輯上很有道理，聽起來很不錯，但此時你還不是真的知道或發自內心的接受這個事實。在體認到心之本質的那一刻，你才第一次生起真正的信心。確定的信心和不可動搖的信心只能是來自於對空性本性的了悟。

有時候我們會輕視自己，認為：「我沒辦法保持正念。正念老是悄悄溜走，我不懂怎麼修持！」但是請注意：通過體認空性，正念會變得更加強大。

作為初學者，你需要區分兩種念頭：作為自我提醒的念頭和其他的各種念頭。「我要體認心之本質」的念頭會帶領你認出心之本質，其他的所有念頭都不會。然而當你不斷訓練，任何念頭最終都能夠成為一種提醒。這也許聽起來很奇怪，就好像在說：「妄念越多法身越多？」如果妄念本身即

法身，一切眾生都應該證悟了。但對於一位瑜伽士、一個資深的修行者來說，任何妄念都通向法身。因此他能宣稱「妄念越多法身越多」。

一開始，訓練一個你還不曾體認到的心之本質是很難的；即使你體認到了，但還沒有熟悉之前也還是很難的。通過練習，一切都變得任運自如。就像是學習開車一樣：一開始真的很難，你需要去關注所有細節；然而之後，你不用想太多，手腳會自動執行駕駛的動作，不需要有意識的去思考。

當你對空性、離概念的赤裸覺知的體認熟能生巧時，普通的妄念無明的力量就減弱了。覺知變得更強大，意思是更加清晰、明亮、持久時，不再僅僅是一種瞥見，持續的時間越來越長。你也會更容易保任覺知，覺知的時刻會自動增加，不需要刻意延長。當然首先是在正式的禪坐中，在禪修狀態這種情況會更容易出現。但當離開了禪修墊後，從事日常活動時，也需要保持正念，要記得覺知的本來面目。如此，在禪修和禪修後得以同時保持正念。在從事日常活動時，要反覆提醒自己，覺知的狀態就能維持更久，也能更頻

繁的生起。教法上說，通過這樣的練習，覺知的力量會更強大。也就是說，覺知的自然特質就有機會更深入的開展。

到了修煉的這個階段，念頭剛一生起，你無須運用對治法來令其止息，就只是讓它去，妄念自然會消融。重點在於，每當念頭生起，你馬上看著那個思想者，並在那個剎那體認到覺空的本然狀態。這本身就是個對治方法，你不需要施加其他任何矯正方式。當一條蛇將自己盤旋成結，誰也不用費心去幫忙解開，蛇自己會鬆開。

學生：「我需要做什麼樣的準備來接受心性指引？」

仁波切：「你需要做很多準備。然而最重要的，是要有真誠的興趣，以及深切的信任感。」

學生：「妄念生起時，如何解脫妄念？」

仁波切：「當心遠離概念，明空的本質就能展現。對於如何遠離執著有許多不同的描述方式。雖然語言文字難免給人誤導，我們仍然會運用『看著注意力』、『維持其本質』這樣的短語。我們開始思考，而思維當然依賴於我們的注意力去抓住或執取思考的對象。當這種抓取被釋放後，思維和

概念化的機制自然也分崩離析。只要我們不斷地執取某某念頭，賦予它生命，思緒就永遠沒辦法消融。這一點非常重要：不管你多麼用力，也沒辦法摧毀念頭，但它們自己會消融瓦解。

「是什麼方法令妄念瓦解的？在粗重的層面，必須放下通過貼這樣那樣的標籤而產生的參考點。在更微細的層面，必須拋棄一切有關三時的概念——甚至『它是空』或『它非空』的概念。簡而言之，當你遠離固著和我執，念頭自然就分崩離析，解體了。念頭不是你主動能去摧毀的，這麼做只會讓事情變得更糟。」

學生：「當上一個念頭瓦解時，另一個念頭會再生起嗎？」

仁波切：「當然會！那是因為我們還沒訓練到完全熟練的地步。我們無法在這種狀態中保持太久，因為還沒有習慣。但就在你完全放下執著的一刹那，你還是立刻就能直面此內在的體性、究竟的實相，原因就在於一切事物本身是空，缺乏獨立的存在。當你遠離臆測和概念，就能體驗到本然、赤裸的狀態，這並不只是佛教徒的主張。」

學生：「在穩定的覺知狀態中沒有迷惑，對吧？如果我不再有『我的身體』的概念，那身體怎麼辦呢？對我的身體，或擁有我身體的人（無論那會是誰）來說，會不會很困難？」

　　仁波切：「初學者不會體驗到持續不斷的純粹的覺知狀態。覺知起起伏伏，但隨著你的練習會變得越來越長。在這種情況下，半數時間你的正常思維照顧著身體；另一半時間純粹的覺知照顧著身體。當只剩下純粹的覺知時，根本的覺性將照料這個身體。當你達到完全的穩固，臨命終時你將會以『虹光身』的方式離去，此時身體會喪失其物質形態，或分解為虹光。」

　　學生：「目前我們大多數人都處於矛盾衝突情緒的影響下。有時候我們可能覺得自己瞥見了本覺，但如何知道這驚鴻一瞥是否真實？」

　　仁波切：「真實的瞥見和虛假的瞥見有很大的不同。假的就是假的，不具備真正不二覺性的功德特質。差別在於真正的覺知瞬間是遠離煩惱、遠離概念思維、遠離焦慮、希求和恐懼、愛和憎；它也不是失去意識、一無所知或者昏沈呆

滯的。假如你落入一種空空洞洞、心不在焉的無念狀態，那肯定不是本覺、純淨的覺知。請你檢查一下自己的親身體驗。如果這種狀態是遠離抓取和執著，既非昏沈也不失念，並且有一種覺醒的感受，那就是佛性。」

　　學生：「那如果是一種沒有妄念驛動的狀態呢？」

　　仁波切：「這是安止——奢摩他的定義。」

　　學生：「本覺和六種感官認知的聯繫是什麼？」

　　仁波切：「通常，當感覺器官、感官對象和能知的心碰到一起，認知就產生了。當這些因素聚集在一處，瞬間就產生了所謂的認知，跟隨著標籤、概念化和對它的反應。但這整個機制是二元的。當二元執著不再存在，主體、客體和感官之間不再有概念連結，就叫做本覺。在藏文中通常用 namshey 這個詞來指代意識，意思是『對客體產生想法』，那不是本覺。換句話說，心識的造作不是真正的不二覺性。事實上，遠離心識造作的才是本覺。在覺知的剎那間，你仍然看見和聽見，然而卻沒有執取。傳統上對這種覺醒的狀態有如下的描述：『五根寬廣開放，遠離參照點的覺醒狀態。』通常我們的感官完全不是閉塞的，是清晰而開放。但

假如這當中包含著標籤和分別，就不是本覺的狀態。」

學生：「念頭生起時，假如兩者都不嘗試對治妄念，那麼輪迴中的凡夫和修行人的不同之處在哪裡？」

仁波切：「在思維一個念頭時，普通人讓念頭在思維的狀態中保持原樣，並在這種狀態下繼續。修行者也讓念頭保持原樣，但他或她同時體認到念頭的本質是覺空的雙運——簡單而言，就是法界體性智。這就是輪迴的凡夫和修行者的差別。」

學生：「您告訴我們不要陷入概念化的善行，那我們會不會有變得麻木不仁的危險？」

仁波切：「在這裡你要善加區分。只要我們尚未真正證悟離概念的本覺狀態，就仍會有概念活動。在本覺的狀態變得永不停息之前，我們當然還是會落入概念之中，同時造作善行和惡行，從而一定會感受到這些行為的後果。因此，對於自己的行為舉止一定要慎之又慎，需要力行善行、力除惡行。然而，一個圓滿證悟者，不會再偏離離概念的覺知狀態，他永遠不會涉入任何一種惡行，因此也無須小心。搞清楚這一點很重要。

「我之前提到一個人不需要概念性的善行或慈悲，是僅就保任見地的那一刻而言，這不是籠統的陳述。在本覺的自然狀態中，任何參考點、概念和想法都不是真實清淨的覺知，你要善加區分。重點在於，即使是好的概念，也會有礙覺知的本來面目。很多人認為只要有顆善良的心就足夠了。然而，即便是『我有一顆好心』的想法也會損害覺知的狀態。我們已經說過愛、慈悲和信任極其珍貴和重要，在一開始就因為有這些才有可能體認到本覺的狀態。但在本然的覺知狀態中，概念性的慈悲、概念性的愛、概念性的信任都是阻礙。

「對於一個資深的修行人來說，其當下的覺知中當然包含著愛和慈悲、信任和虔敬，但這種感受是非常難以把握和領會的，不屬於我們通常理解的範疇。它們全然無偽、不可改變，而且百分之百的真摯。我們現在所擁有的信任和慈悲與之相比，帶有某種程度的人為造作。」

學生：「母親對自己孩子的愛難道不是完全出於天性而無偽的嗎？」

仁波切：「當然是發自內心的，但這種愛仍然是基於

『我和我的孩子』的概念。注意到那是『我的孩子』，別人的孩子當然不如我自己的孩子重要，這當然是很自然的。但老虎和獅子對自己的幼崽也有天然的愛和慈悲！只是愛的方式不同而已。你要知道凡人的愛總是偏私、有限和易變的。

「一個孩子甜蜜乖巧時母親對他的愛，和他淘氣得要命時母親對他的愛是不同的。愛會改變，但是當然不會完全消失。而且不同的母親對自己孩子的愛也不相同，每一位母親都不一樣。但有個現象相當普遍。孩子出生之前，母親認為自己是世界上最重要的人，我們大家都是這樣；然而孩子出生之後，孩子變成了最重要的，母親自己則退居第二位。這種自我犧牲就是佛法中說到『大恩之母』的緣由。

「剛開始慈悲心訓練時，我們承認和感激母親給予自己的愛。事實上，所有的眾生在過去生都曾做過我們的母親；除了時間不同，沒有本質差別。然後我們嘗試將這種感恩之情遍及於一切眾生，並培養利益所有眾生的真切願望。既然慈悲和愛應該是能成就一切且無所偏私的，這是將有限的和選擇性的愛與慈悲轉化成平等無私的愛與慈悲的方法。如果不能真實體認一切有情在無盡輪迴的某時某刻都曾為我們

的父母，我們的愛和慈悲就仍然十分有限度。如果能夠認識到過去彼此連結的普遍性，就有可能把我們的愛和慈悲從偏愛中解放出來。」

學生：「人們當然能感覺到對自己孩子那種難以置信的偏愛，如何打破這種執著呢？」

仁波切：「這就是為什麼我剛剛提到所有人（不僅僅是成人），都一度做過我們的母親。當你承認這一點，最好的情況是，你能對所有眾生一視同仁；最差的，你也不會再去輕視任何人，包括屬於其他父母的孩子們。」

學生：「做父母的背負著某種業力責任嗎？如果你不好好為人父母，是否會造更多的惡業？」

仁波切：「確實如此。當你對一個孩子負有責任，你需要很小心。做好媽媽、好父母是很重要的。你要做好自己孩子的父母，但這不表示你對別人的孩子漠不關心。」

學生：「妄念是從哪裡來的，如果那不是心的本然？」

仁波切：「妄念從習慣傾向中來，一時的想法是從習性中生起的。當你仔細觀察一個念頭，你能找到它生起的地方、現在的所在以及消失之處嗎？念頭真的是一個奇怪的東

西，因爲到處都找不到它，你不可能明確指出念頭，但它卻能運作。不僅如此，我們也沒辦法明確指出這個世上任何事物的來源，因爲萬事萬物都是超越生住滅的。」

學生：「念頭能爲其他方法所控制嗎？」

仁波切：「當然還有許多其他控制念頭的方法，但都更間接。比如說，有一種瑜伽練習是通過運用一些要點來控制氣、脈、明點。但即使做了這些練習，也仍然需要修習正念。沒有正念是無法掌控自己的思維的。」

學生：「『覺知到』這個術語不就意味著你一定是覺知到某種東西嗎？」

仁波切：「我用來指代覺知的藏文詞語是 rigpa，也可以被使用在不同場合。比方說，在普通的佛法教理中 rigpa 指的是『知道』，是心的一種概念狀態，其中包括主體、客體和認知這種行爲。但同樣的詞在當前的教法中，指的是不屬於二元藩籬的心靈狀態。在這裡，它指的是本自俱足覺性，稱爲 rigpa 或本覺。佛性本身也被稱爲 rigpa 或本覺。運用 rigpa 這個詞語是沒問題的，但當你不知道它指代什麼的時候麻煩就來了。在這裡，rigpa 的定義就是本自俱足的

覺性，它空而覺，但遠離主體和客體。」

　　學生：「對我來說，『覺知到』這個術語意味著一種並非空洞、空白的狀態。假如沒有一個有意識的專注點，怎麼避免落入昏沈呢？」

　　仁波切：「能夠知道、或者說覺知的基本能力，既可能落入主體和客體的標籤，也可以僅僅是保持知道的能力。這是無明和了知、迷惑和不迷的分界點。在此時，你必須要遠離常見和斷見這兩種邊限，兩種認為『它是某種東西』和『那裡什麼都沒有』的極端想法。如果你這麼做了，此時你就不再會認為覺知是『某種東西』。畢竟對這種狀態的描述是『遠離參考點的覺知』，對不對？與此同時，五官是全然的開放，這當中絕對有了知的能力，所以也不是『什麼都沒有』。這個心的本然狀態，遠離概念，是一種原始的覺醒狀態。這是怎麼發生的？假如我們僅僅是走神或者坐在那裡心不在焉，那是錯的；如果落入普通的意識狀態，認為『我在這裡』、『它在那裡』也是不對的。你需要能夠不墮入兩邊。怎麼辦呢？你不需體驗到這本初的覺性。本初覺性的藏文是 yeshe，其定義是『無條件的本然了知，既不抓取也不

概念化任何事物。』這是一種內在的自然特質，如果你願意，可以稱之為能量。

「我們應當仔細的審查，直至見到遠離一切臆測的本初覺性。或者說，直到不再有任何臆測前，我們都應該仔細審查，但要記得審查的舉動還是概念性的。簡單的說，你需要利用概念狀態帶你進入離概念的狀態。解題的舉動是概念性的，但得到確定是離概念的。在維持本然覺知的狀態時，任何的執著和思考都是不正確的。甚至因為它們的概念性，通常的慈悲和信任也都成了一種執著。這一點格外簡單，但也格外真實。應該這麼看：當妄念生起而你不執著，它就不再是一個普通的念頭。」

學生：「我們該如何放鬆呢？」

仁波切：「聲音的放鬆很簡單——不說話就好了。放鬆心意指的是避免捲入有關過去、現在、未來三時的主體和客體的想法。身體的放鬆有不同譬喻。有時候說放鬆的身體就好像是被丟棄在墳場的屍首，有時候又說要用毗盧遮那佛的七支座法來放鬆身體。一開始很難，但當你習慣後，這是一種非常棒的情況，能令你的禪定快速成長。」

6　本覺

我們已經講完了四法印當中的前兩個：諸行如何無常、有漏如何皆苦。現在繼續來討論第三個法印：「諸法空而無我」。

金剛乘的見地

三乘佛法都接受一切現象皆空而無我，之前我們討論了這個法印是如何被詮釋的。現在我們來學習金剛乘的見地，其頂點就是大手印和大圓滿。就像之前提到過的，有兩種趣入見地的方法。第一種是學者分析式的禪修，我們已經稍稍探討了這種方法的論據和邏輯。現在讓我們來專注於另一個方法：「簡單修士的安止式禪修」，它依於一些竅訣而修。我會繼續採用這種方式，專注於核心要點做直接的教授，並提供維持覺知之體性的方法。

就像之前提到過的，我們需要區分 sem 和 rigpa 這兩個術語。「sem」的意思是思維；「rigpa」譯為本覺。Rigpa 在這裡相當於法身，而 Sem 指的是概念心。同樣再說一遍，由不覺知的心識狀態，也就是對事物不加質疑和分析的心識所體驗和發現的，就叫做相對的實相。而由遠離迷惑的心通過正確的分析和檢視所體驗和發現的，就叫做究竟的實相。

　　究竟實相也可以定義為聖者、無錯謬者的體驗。那另一方面，相對實相（人們通常認為是恆常的現實）是錯謬的、迷惑的、不加分辨的心識狀態的體驗。不幸的是，錯誤的認知往往來自於這兩者的差別。這並非是說，有一種令人厭惡的、邪惡的東西叫做相對實相，是需要竭盡全力袪除的；或者有一種清淨圓滿的究竟實相是要去獲取的。事實上，相對實相的真正狀況、其自身的體性，就是究竟實相。

　　舉例說明，當我們說一切事物皆無常，那麼「恆常」就意味著某種延續性，一段持續的時間。而當你去檢視時間本身，你會發現它只是一系列當下的瞬間；而當你去檢視這當下的瞬間，你找不到可以被明確指認的任何「東西」。事實上沒有什麼東西能被稱為「當下」！換句話說，這種沒有什

麼「東西」眞實存在就是空。這就是它的眞實狀況、究竟的實相。以這種方式，通過對相對實相的仔細檢視，就能揭示出究竟實相。通過對諸行無常的完全了知，就能證悟空性——究竟實相。

再說一遍：錯謬的、不加辨別的心識狀態的體驗就叫做相對實相；智慧心，無錯謬狀態的體驗就叫做究竟實相。顯而易見我們應該訓練自己體驗到眞正的實相：究竟實相。這種洞見也被稱爲「證悟無我的智慧」，或者本自俱足的覺知，是離概念的認知。這是至關緊要的一點。

大手印中的「平常心」

覺而離概念之本然俱足的覺知就叫做本覺。在大手印中稱爲平常心。平常心的定義是不依賴於樂、明、無念三緣的法身，也超越了四喜，四種大樂。這是實相大手印，究竟的大手印。此外還有不同種類的大手印，有時候稱爲「樂空大手印」或者「明空大手印」，但這些都是通向實相大手印的墊腳石。

以四種大樂或者四喜爲基礎，行者可以上升至實相大手

印。假如你不執著於樂明無念這三緣（或者說三種體驗），也能成爲大手印的支持。然而實相大手印、遠離心之造作，並不依賴這三緣，也超越了四喜。內在的體性、法性，亦超越於此，被稱爲「覺空大手印」。這與大圓滿的見地沒有一絲一毫的差別。大手印所說的平常心和大圓滿所說的覺而離概念的自然本智是一模一樣的。

當然，不依賴於三緣和超越四喜的平常心，與依賴於三緣和四喜的迷惑的平常心是相當不一樣的。後者能由上師演示，令弟子生起覺受；因此這種覺受具有某種依賴性。實相大手印、平常心，則既無法由上師示範，亦無法爲弟子證得，那不是一件可以被證悟或體驗到的「東西」。這就是爲什麼帝洛巴說：「我無可展示，唯汝親歷之。」，這是什麼意思？

不論運用什麼樣的文字，都不可避免的落入概念的範疇。然而若不用語言作概念提示，則無法證悟究竟實相。自相矛盾的是，對概念用詞和術語的執取將會妨害究竟實相。因此大手印被描述爲「心無所事」。任何心的作業都不是大手印。心的無所造作不是思維的對象或概念。這就是爲什

麼它無法被展示或示範。它也不是一個能被體驗到的「東西」。然而剛開始修持的時候，我們必須有一些可以被展示和體驗的東西。莫非如此，就會走上歧途。然而隨著修行的進展，任何能被想到的、概念化的、執取為經驗對象的都是有所緣的、概念化的，因此並非究竟狀態。

就像之前所說，詳盡的闡述是為了通向簡單。比如說，佛法理論的四部宗派中的前兩部，主張外在的事物皆空，但縮小了空性的範圍，認為微粒和瞬間的意識的確存在。換句話說，他們設法打破了我們對世界上大多數事物的看法，卻還留下一些殘餘。這個殘餘被唯識宗打破了，他們論證說一切事物（微粒和瞬間的意識）都是空，但還有一種叫做自覺的心，某種被認為是究竟存在的覺知特質。這個概念又被中觀派打破了，他們體悟到一切事物都是遠離「四種邊見和八種戲論」的。當你能夠直接真實的證悟到遠離四邊見和八戲論的中觀見地，一切想法都完全被打破。通過這種方式，經由四部宗見的次第學習，我們的理解變得越來越細微，越來越精煉。

如果你認為某種東西存在，那是錯謬的；如果你主張它

不存在，這也是個錯誤。任何對於存在和不存在的觀念執著都必須被捨棄。教法說：「執取事物存在的想法和動物無異，然而執取事物不存在則會更糟」，還說：「只要我們還不能打破對於存在或是不存在的一切執著，就還沒有證悟中觀的見地。」如果我們認為事物的確存在，就會陷入常見這種邊見；而你若認為事物不存在，就落入了斷見。

我現在來詳細說說共通乘所說的佛性，如來藏。這個佛性是一切有情自然現成的，沒有任何大小或優劣的差別。佛性也被稱為本覺或本自俱足的覺知，有時候又叫平常心，不依賴於三緣、超越了四喜，是事物的內在體性，原本如此。

本自俱足的覺知是覺而離概念的。「本自俱足」的意思是自身是能覺的，不是任何人所製作，也不是用任何方式創造出來的。「覺」和「離概念」是說具有了知、覺察、理解的能力，卻非一種普通的概念心識。這就是為什麼稱之為「本自俱足的覺知，覺而離概念」，也就是本覺的含義。

說到維持本覺的狀態，先要體認何為本覺——不然的話是什麼在延續和維持？本覺具有令佛的三身和智慧佛果顯現的能力或潛力，是我們的內在體性，不為思維和概念所

壞，也不爲妄念戲論所染。本覺是眞實的狀況，內在的實相。事實上，稱本覺爲「平常心」是非常貼切的。在這裡所說的平常心指的不是凡夫的心識，指的是完全不曾被染污的心靈狀態，不爲任何煩惱、概念想法或執著所侵蝕。

我們可以叫它平常心、本自俱足的覺知或如來藏，不論你如何稱呼，「它」總是與自身同在。遺憾的是我們往往無法認出它本來就是自己的根本體性。沒有任何人能代替我們體認這個內在的本自俱足的覺性。當放下一切概念活動的那一瞬間，例如接受或拒絕、保留或送走、批評或度量，這個平常心、本自俱足的覺性就是當下現成的。如果你說你想要清澈的水，而非渾濁的水，但卻不停攪起水底的泥漿，水能變得清澈嗎？同樣的，假如你不去攪渾本自俱足的覺知，你會發現它本來就是天然的存在。

從一個方面來講，對本覺進行探討是很難的，是不是？但從另一方面來看，又是那麼簡單，幾乎不需要語言。事實上，任何對言語的依賴都將適得其反。眞實的體性超越了任何人爲的表述，即便如此，我們還是要來探討它。簡單的聲稱「沒辦法！」是不正確的。然而，任何能用的方法和技

巧都不是一塵不染的。這就是為什麼說真實體性「無法被演示或示範」。當它對你來說變成真實，佛法所說的所有八萬四千法門將變得似乎毫無意義，因為你最終得到的那個是無法教給你的。好好想想！

如果我們的根本體性是一件可以被直接展示、教授的東西，並能對之有具體的、有形的感受，那麼這種體驗就不曾超越主體、客體與行為的概念範圍。因此究竟實相、真實狀況或本然狀態本身，是完全遠離和超越了任何語言、概念以及可體驗的對象，被稱為本自俱足的覺知，清新、赤裸，是我們的本然狀態，超越了概念和分別。至此你應當清楚知道心識和本覺的差別，我們一直在討論它們的含義，現在要能夠辨別它們的意思。

學生：「如果心的本質是本覺，那本覺為何會被心識所遮蔽呢？」

仁波切：「心識的本質當然是本覺，能夠認出它的就是覺知。有一句很有名的話：『心之體性即為如來藏』，就是這個意思。但你也已經聽到，雖然佛性當下現成，卻被業

力、情緒、習慣和所知障所覆蓋。」

　　學生：「那麼覆蓋本身，它的本質是本覺嗎？」

　　仁波切：「是的，確實如此。本質自身是不被蒙蔽的，但爲概念所覆蓋。而這個概念化者的體性是單純的覺知。我們已經定義了什麼是平常心，是獨立於樂明無念三種體驗的，超越了四喜或四種大樂。這種平常心和自生本覺，本自俱足的覺知無二無別。這是關鍵點。

　　「無錯謬的心所體驗到的是究竟實相。本自俱足的覺知不是一個具體的東西或可感受的對象。任何能被感受到的東西，都是錯謬的心識所建構的。一切事物本身的體性皆空而無我。因此，無錯謬的心所體驗的空無『一物』就是本自俱足的覺知。

　　「當說到『體認覺知的本來面目』，有什麼『東西』能夠被體認嗎？有實際的體認發生嗎？『體認覺知的體性』這種說法，似乎令人感到應該有某種可以被體認的體性，是吧？不然的話，有什麼必要這麼說呢？但假如有一個體認者，還有一個被體認到的具體事物，那一定是二元的體驗，不是本自俱足的覺知。你要理解的是，不通過語言我們無法

去了解究竟實相，但語言從來不可能百分之百的精準，不能讓你了解完整的含義。

「無錯謬的心靈狀態所感受、所發現的超越了任何自我或『我』的概念，是一切事物原原本本的無錯謬的體性，這個體性本來就是空而無我。但當描述它的時候，我們必須運用『體驗』、『體認』、『證悟』這樣的字眼。

「那麼究竟是什麼被證悟、被體認呢？簡單的說，是一種間隙，沒有任何二元執著，沒有希求恐懼和微小的焦慮。沒有了這些，最後剩下的就是本覺，可以叫做本自俱足的覺性，在共通乘中，也稱爲『證悟無我的智慧』。本覺被描述爲本質原始清淨、體性任運自現，也就是說，覺空不二。既然最糟糕的兩種見地就是常見和斷見，就需要某種東西來破除這兩種見地。本覺原始清淨的本質，破除了常見或者說永恆主義；由於它的任運自現，斷見或虛無主義也站不住腳。這種對邊見的超越被稱爲平等性或平等性智。

「這麼說吧，我們在把無我的存在當作有我這方面，已經做得相當成功。到現在爲止，已經訓練完畢，習慣性的將無常的事物以爲常。現在需要改變訓練的方式，一開始這並

不容易，因為這兩種觀念是互相衝突、互相抵觸的。煩惱、概念思維、希懼、取捨停息的那一刻，就叫做本自俱足的覺知。雖然你需要保任它，但它不是禪修的對象，這更像是令自己習慣於某種已經存在的事物。如果你已經體認到當下本自俱足的覺知，那麼就簡單的讓它得以延續。當然它無法持續很久，會被普通的思維所打斷。即使一個已經體認到本覺並嘗試去保任它的修行者，也會常常被念頭帶走。

「我之前說過，在所有的念頭中，正念最殊勝。正念不會將你帶入散亂。假如你擁有真實無虛的正念，那不管有多少念頭生起，每一個念頭都會消融返回覺空雙運的狀態。有一個例子可以說明：普通人的思維就像在紙上寫字，堅固而粗重。對於試圖維持覺知的初學者來說，念頭會生起，你並不會沒有念頭。關鍵之處在於不要像凡夫那樣去追隨妄念，而是像在水上寫字那樣，讓念頭隨之消融。如果你在水上寫字，一面寫一面字跡就會消失。在修持平常心，也就是鮮活、赤裸、本自俱足的覺知時，仍然會有念頭，但念頭不再那麼有力量，漸漸的會失去力量，失去對我們的掌控力。即使是住地以上的菩薩，在所有菩薩地中，也還是會有念頭。

行者會有念頭，但同時念頭的影響力在減弱，不再帶來太多益處或壞處。理解這一點很重要。先說到這裡，最好是先說一點點然後來討論。」

學生：「如果用言語來解釋心之本性是行不通的，那佛陀又為什麼給予了如此浩瀚的教導呢？」

仁波切：「為了要指出或展示心之本質，一位上師可能會說：『你自身所擁有的就是這個。這就是了。』從某種程度上講它是可以被教授的。如果它完全無法被教授，就不可能有直指，給予所有八萬四千法門的教導也完全失去意義。密勒日巴祖師說：『當佛陀給予相對下乘的教導時，他的清晰和精準令人驚嘆。但當他開始進入三轉法輪，**完全揭示第三轉教法**精微要點的更高教授，試圖確切描述這個甚深、離戲、非由因緣和合的本然實相，即使佛陀具有廣長舌也感到為難。若非世尊慈悲、善巧和只行利益眾生之行，我會質疑這樣的努力是否可行。』由於一切事物本身都是完全超越了戲論和概念，我們所用的每一個字眼基本上都是一種誤導。像密勒日巴祖師這樣達到圓滿證悟的人，是有資格這樣說的。這些話語若出自我輩之口，就不是那麼令人信服。我們

的觀點是不太究竟的。」

學生：「一般性的念頭似乎比較容易消融，但是那些真正令人不快的情緒生起時該怎麼辦？」

仁波切：「每個人都知道，當我們真的很生氣很困擾時，就會變得更困難。然而對於一個已經體認到覺知體性的修行者來說，令人著實心煩意亂的情緒反而是件好事。對於這樣一個修行者來說，只有一個對治法：比煩擾情緒更加強大而有力量的鎮定心念。強烈的情緒事實上是一個更好的訓練場，與之相比較，無關痛癢的、漠不關心的、稀里糊塗的妄念潛流才更難被注意到，因此更難處理。」

學生：「正念不也是一個念頭嗎？」

仁波切：「當然，但若沒有想要去體認的念頭，沒有『自我提示』，我們甚至永遠想不到要去證悟覺知的本然狀態。首先你需要這樣一個念頭：『我應當去體認。』一旦被這個念頭提醒後，就要把提示放下。提示本身並非本自俱足的覺知，如果你僅僅做到不斷提醒自己，原則上和普通的思維也沒什麼兩樣。舉例來說，當你把箭搭上弓弦，先拉弓，接下來就要放箭，釋放它，不然箭就永遠射不出去。同樣

的，你也不要一直抓著提示——你需要放下它。」

學生：「樂、明、無念這三種覺受一定是有害的嗎？我們能不能夠利用它們？」

仁波切：「任何需要依賴樂、明、無念三種覺受和四喜而生起的體驗，意味著這中間還存在著某種微細的概念。本覺是完全遠離觀察者和觀察對象此二元的。關於這些有許多細節，這就是爲什麼大手印四瑜伽分爲十二個層次。實相大手印、眞實和究竟的大手印，是毋需依賴樂、明、無念三種覺受，並超越了四喜的體驗。然而在修行的道途中，三緣和四喜是一種幫助，可以作爲修行的幫手。當然，我們應該知道如何把它們當作幫手；不然的話涉入其中反而有害。假如我們能夠善用樂、明、無念這三種覺受，會有益於平常心的增上；不然的話，則會演變成誤入歧途的情況。」

學生：「明光和清明的區別是什麼？」❶

仁波切：「《般若波羅蜜多經》中有一句著名的偈頌：

---

❶ 同樣的藏文詞語會有不同的運用，此處用兩個不同的英語詞彙來描述二種不同的意思。在這裡，用「清明」（clarity）來意指樂明無念中暫時的、無常的覺受。而「明光」（luminosity）則指的是不變的能知特質，是心的體性。

『心即無心性明覺』（心中並沒有一個心的真實存在，心的體性是光明的覺知）。在這裡，藏文中明光這個詞是 osel，含義是，雖然全然是空，但是仍然有展現出全知的特質的能力。藏文中清明這個詞是 salwa，你也可以用一個抽象名詞 salcha，指的是『能知的特質』。說『這盞燈很亮』和說『這盞燈有很強的亮度』是有差別的。『亮度』更準確，更具描述性。」

學生：「無念的覺受和安止的狀態，不同之處是什麼？另外，您能解釋一下樂、明、無念這三種覺受的差異嗎？」

仁波切：「首先，教法中說對樂、明、無念三種覺受的執著將使我們陷落和迷失於三界輪迴中。當我們嘗試去體驗空性或者實修空性時，樂、明、無念的三種覺受非常有可能出現。但這種體驗是短暫易逝且猶如空中的雲，注定遲早會消散。將短暫的禪修覺受等同於證悟是一個嚴重的錯誤。因此有一句話說：『覺受如薄霧，暗淡而消失；證悟無動搖，不變如虛空。』」

「這裡提到了三種暫時的禪修體驗，但其實絕對不止三種，有許許多多不同的種類。對待它們的最好方式就是不要

看戲看得太入迷，不要去取捨。當它生起時，就讓它生起；消失時，就讓它消失。當你不捲入希求和恐懼、取和捨，那它們只是一種功德特質。但如果你覺得：『太棒了！多好啊！』就變成一種過失。總之，重點在於遠離執著。我們必須令見地和暫時的覺受都遠離執著。

「關於你的第一個問題，存在不同種類的安止或奢摩他。有一種稱為『斷滅止』，和無念很相似。無念又分為具足清明的無念和不具清明的無念。如果無念的覺受不具清明，非常厚重、遲鈍而模糊不清，這就是『斷滅止』或者『凍結的寂止』。如果無念的狀態中包含了許多清明和明亮、許多鎮定，那和前者的情況完全不同，對這種狀況的描述和術語也不一樣。對此很難一概而論，我們必須在它們各自的情境下來一一討論心識的狀態。」

學生：「念頭停歇的那一剎那，是否是被引見心之體性的好時機？」

仁波切：「指出覺知之本然狀態的可能性將視上師和弟子兩者而定，我們沒辦法界定確切的條件。舉例來說，《入中論》提到：『心念的止滅即是法身的實現。』心念的止滅

是什麼意思？應當沒有概念化和分別。龍樹菩薩給予許多直指教授，收錄於《入中論》之中。他的意思是，當你不再涉入過去、現在、未來的念頭，也不再有取捨、破立等智識活動的那一刻，那非為因緣和合的覺空雙運，法身本體將真實生動的呈現。」

學生：「這種概念思維的停歇，將會一直發生，還是僅僅在那一刻？」

仁波切：「應當讓概念心停歇，但要通過善巧的方式。『無心』的情況有許多種：有一種叫做『無謂』，此時沒有粗重的妄念驛動，心不涉入，沒有評判，也沒有清明。還有一種狀況是暈厥或者失去意識，這時候沒有『這』和『那』、好與壞的念頭。然後還有深度睡眠，醒來後你完全不清楚時間是如何過去的。龍樹菩薩所指的思維的停歇，不同於一般的無意識狀態，它遠離三時的妄念，帶著覺知，無有執著。大圓滿用『生動鮮明』、『清醒寬廣』、『輕鬆自在』等術語來描述這種狀態，『輕鬆自在』指的是你輕鬆得似乎要飄起來，你一點也不重，也不受概念的重壓。」

學生：「概念思維怎麼可能遮蔽究竟體性呢？」

仁波切：「最初的迷惑，基本的錯誤來自於『我在』的想法，被稱爲俱生無明或者內在無明。它是我執、對某些事物的執著，那意味著『我是真的』，接著就變得更堅實，幾乎是有形的。這就是遮障。『我在』的想法是錯誤的，是無明。如果你自己傷害自己，那你也是唯一一個能令傷害停止的人，對不對？同樣的，『我在』的概念是導致我們不停輪迴的原因，這就叫做『內在我執』而且目前相當強大。

　　「這樣的概念思維怎麼可能障蔽我們廣大的真實體性呢？然而即使一小朵雲彩看上去似乎也能遮蔽天空。同樣的，一間小小的房間就能有效隔斷外面一整個廣闊空間。當蓋障還存在，且堅固而真實時就會是這個樣子。那個被遮蔽的可能是無盡而寬廣，但看起來還是被遮蔽了。」

　　學生：「讓念頭止歇，或用『妄念停歇』這個術語來描述，指的是去壓制念頭嗎？」

　　仁波切：「阻礙思維和讓思維停歇是不一樣的。當你試著去阻礙思維，你做不到。這不可能。思維反而會變得更強大。因此教法說：『令心止息應善巧。』」

　　學生：「通過熟練掌握安止的技巧來抑制念頭和覺受有

好處嗎？」

　　仁波切：「那要看你說的是哪一種安止。就我們當下討論的範圍，止和觀是一個整體。在這個特定的範圍內，我所說的『安止』是不為妄念和情緒所染污，或者說不捲入妄念情緒的功德特質。與此同時，有一種我稱為『勝觀』的自然覺察和認知。這是一種更好的安止，在這個前提下教法告訴我們：『止觀雙運即佛心。』，是赤裸裸的覺空狀態。

　　「通常安止的禪修是為了培養心靈的寧靜。但不論如何精進，我們的心都沒辦法保持百分之百的平靜，這是因為思維和情緒尚未停歇；安止的禪修意味著它們僅僅是被暫時中止了，當時機成熟時又會冷不防地冒出來，並造成嚴重的破壞。在我們今天討論的範圍內，這不一定是一種持久的安止狀態，但那一刻，在真實自然的覺知狀態下，完全沒有念頭和煩惱的存在。這一點無比的重要。」

7 見地

到目前爲止，我們已經講完了四法印中的前三個箴言：

諸行無常

有漏皆苦

諸法皆空而無我

我們繼續討論第三個法印。三乘佛法都認爲一切顯相皆空而無我，但闡釋這一法印的方式各有不同。佛法的四部宗派：說一切有部、經量部、唯識派和中觀派，在趣入方式的深度和簡明扼要上也有所差距。比如說，通過專注於要點來解釋中觀、大手印和大圓滿見地的方法，就是廣爲人知的竅訣（心要口訣）傳承。

中觀派也有各種不同的觀點，比如自空派和他空派。中

觀正見是遠離四邊見和八戲論的空性智慧和慈悲的不二。這是究竟的見地，應當運用在個人的修持上。對於這種將中觀的真實見帶入個人體驗的方式，有一個更好的稱呼，「了義大中觀」。

同樣的，大手印也可以有大量的闡釋，比如說，根大手印、道大手印、果大手印。大手印四瑜伽可以分為十二個層次。另一種解釋大手印的方法，是將其分為經教大手印、密續大手印和依於心要的心要大手印。除此之外，當用五道和十地的脈絡來闡述大手印時，詳盡得幾乎不可置信。

大手印的術語「平常心」（藏文為 thamal gyi shepa），用來描述當下鮮活的覺醒狀態。直接觀照和平等安住於此本然狀態，遠離一切執著，即是大手印見。當你不用任何方式去修整或改變當下鮮活和赤裸的覺知，其本身即為大圓滿的見地。

當你開始對了義見地──大手印當下平常心的禪修，有一個方法叫做專一瑜伽。「瑜伽」在此的意思是為覺性所擁抱的方法。專一瑜伽的修持讓行者無造作地連續安住於平常心。斬斷概念和疑惑則稱為離戲。遠離取捨、接納和逃避，

稱爲一味。智識理解和覺受的清淨叫做無修。如此可以有許多不同的區分方式。

八識，或者說認知的八種聚合，需要被清淨。我現在根據大手印的教法來解釋一下八識是如何被清淨的。在專一瑜伽的階段，色蘊和五根識得到清淨；在離戲瑜伽的階段，受蘊、想蘊和識蘊得到清淨；在一味瑜伽的階段，行蘊被捨棄了，煩惱識（染污的我識）得到清淨；在無修瑜伽的階段，識蘊被捨棄了，一切種子識（阿賴耶識）得到清淨。

金剛乘常常用到「灌頂」這個術語。這個詞很重要，我將仔細解釋一下。通常有四部灌頂，第四部稱爲「勝義文字灌頂」。從無始以來，空性的覺知就遍在於一切存在和顯相。當你體認到這一點，並通過練習來獲得穩固，五蘊、五大、八識、客體等等就都得以清淨。一切事物，包括佛的四身和五智都成爲持續不斷清淨狀態的一部分。隨著大手印和大圓滿修持的深入（比方說，「立斷」，藏文 Trekcho 的見地），通過四部灌頂來圓滿見地的修持。在此「修持」指的是體認、練習和獲得穩固。修持越多，你就越熟悉，就越接近獲得穩固。

無修的法身寶座

大圓滿教法說根和果是不可分的。當然，當你還行走在修持之道時，應該有某種程度的理解、體驗和確信；但是到了果的階段，保留這些則是一種過失。當你剛走上修持之道，應當對自己正在做的事情具有一定的智識理解，你需要知道空性是什麼並對此生起一些個人體驗。然則究竟來講，如果對空性是什麼樣子執持任何一種定見，就是一種概念框架，也不過是一種心理習慣。將禪修者、禪修對象，以及禪修的行為拋在腦後的那一時刻，稱為「無修的法身寶座」，在那時，所有的習性和定見都已煙消雲散。

舉個例子來說，如果你來到一個小島，島上的一切都是金子做的，甚至連一塊普通的小石頭也找不到；同樣的，當一個大圓滿的修行者坐上了無修的法身寶座時，一切顯現和存在都屬於法身王國，他對情器世界的所有體驗都將是無有間斷的法身狀態。

此時，任何取捨、希懼、愛憎都被完全清除，全然連根拔起，分崩瓦解。因為希求和恐懼、焦慮以及取捨的欲望，

其體性都只是瞬間即逝，才使這一切成為可能。因為根和果是不可分的，以上這些在根的狀態便不存在。然而，在道的階段，因為錯以為有我，這些才會顯現。習性和情緒造作了業力，令我們體驗到業的果報。

根、道、果

為了能夠達到無修的法身寶座，就應當理解和實修根、道、果：根即二諦（兩種實相）、道即二資糧的積累、果即佛之二身。就像之前提到過的，二諦指的是相對實相和究竟實相。相對實相是錯謬的概念心識所體驗到的世界，這種心識從未質疑和檢視過任何事情；究竟實相是經由質疑和檢視所發現的覺知、本覺，是完全離於一切戲論的。從另一個意義上說，相對實相在感知的時候看上去像真的，而究竟實相是你體驗到事物本質時的實相。兩者都是實相也都感覺真實，但它們的實相和真實是有差別的。

簡而言之，我們應當了解根是二諦的雙運。了解了二諦雙運的見地後，就可以接著修持二資糧雙運之道。「二資糧」包括具概念之福德資糧的積累，和離概念之智慧資糧的

積累。具概念的功德資糧是佛的色身，即化身和報身的種子或原因；離概念的智慧資糧，通過安住於離戲論的清淨覺知而成就，是證悟佛的法身的種子。在道的階段，我們一定要做具概念之福德資糧的修持，但這應該浸潤在離概念的智慧資糧中。

　　尤其對金剛乘的行者來說，無論是新譯派還是舊譯派，任何一個儀軌或觀想的修持都是以三種三摩地為架構的。最重要的是「真如三摩地」，它和共通乘所說的如來藏完全是一回事，大圓滿的術語就是「本自俱足的覺知」。離開真如三摩地，任何生起次第或本尊觀想都注定是不圓滿的。另外兩種三摩地，「遍照三摩地」和「種子字三摩地」，應該在真如三摩地之中生起。總之，道的修持應當將二種資糧的積累相融合。具概念或參照點的功德資糧，指的是尚存一個「我」在修持的觀念，由於尚未遠離三輪的概念，從這個角度來看是不清淨的。離概念的智慧資糧又稱為「三輪清淨」，三輪清淨的修持就是在離概念的覺醒狀態中放鬆。換句話說，二資糧的修持不應該是分離的或者完全不相干的。我們應該以離概念的智慧資糧，來擁抱具概念之福德資糧的

佛法修持。不然的話，就永遠無法圓滿三善。

　　三善指的是前行發菩提心的初善、遠離參照點修持正行的中善，與結行功德迴向的後善。無論做什麼修持，不管是在閉關做密集的禪修，還是念誦一串念珠之數的嗡嘛呢唄美吽，始終都要依三善來行此善修。即使所做的佛法修持很短，若在三善中修持，也會變得甚深而有力量。任何不依三善的佛法修持，就如同易變質的商品一般。

　　「前行發菩提心的初善」包括皈依和生起菩提心。「遠離參照點修持正行的中善」指的是在具概念的修持後簡單安住的特定部分：觀想的消融或者在上師相應法中接受了四灌頂之後。每個修持之後都有像這樣的一段時間，而且永遠不該被縮簡。「結行功德迴向的後善」則是在修持結束時，心裡總結一下所有的功德並發願：「願以此功德利益一切有情眾生。」每次完成功課之後都應該馬上就這麼做，如此你依於三善所做的任何佛法修持就變得真實無虛而有效。任何不依於三善而行的修持不是真正的佛法修持。

　　「果為佛之二身」的意思是，佛的法身遍及佛的色身，包括化身和報身。法身遠離戲論、猶如虛空，是佛心。有時

候，法身被描繪成普賢王如來或者金剛總持，但這當然不是真正的法身，法身是沒有形狀的。佛的報身具相好莊嚴和五種功德決定。佛的化身則有許多種：首先是「殊勝化身」，這種很稀有，比如像釋迦牟尼佛的下世；其他的包括受生化身、工巧化身、隨類化身等等，每一種都是爲了利樂眾生。

我簡短的解釋了根、道、果，以幫助大家明白爲了獲得穩固需要做些什麼。我還會回來更深入的討論這個話題。目前我只想說，當我們漸漸熟習了原始清淨的修持，認出覺知的本來面目，這種體認將持續到夜間，在睡眠的狀態中也可能發生，如此一來，從早到晚覺知的狀態都不會間斷。總之，認出心的本質還不夠，你必須去練習。同樣的，僅僅練習一點點，發展出些許力量也是不夠的，你必須要像穩定的流水一樣，不受干擾地持續前進，直到獲得完全的穩固。

學生：「如果這個狀態被描述爲覺而離概念，那麼如何看見呢？」

仁波切：「感知並不會消失，但中間沒有了概念化的『這是這』、『那是那』，沒有配製參考點。大圓滿教法將這

種狀態描述爲不變和無壞的。一切事物，所有的感知，都絲毫也不曾被改變和毀壞，沒有缺陷或過失。正如帝洛巴大師所說：『顯相不縛執著縛，斷此執著那洛巴。』」

學生：「爲了獲得穩固，僅僅訓練離概念的覺醒狀態就行了嗎？還是說應該再做一些別的修持來穩固對覺性的體認？」

仁波切：「首先，僅僅修持遠離參考點的智慧是很困難的，即使那是最好的方法。爲了能夠體會如何積累遠離參考點的智慧資糧，我們先積累具概念的福德資糧。如此一來，具概念之積累福德的修持，對於體認的增上和穩固就很有助益。要記得，具概念的福德資糧是 upaya，善巧方便；遠離參考點的智慧資糧是 prajna，妙觀察智。對這兩者的定義隨著不同乘而有所不同。對小乘行者來說，白骨觀、無常觀和緣起觀是方便，相應的智慧部分就是止觀。對修持六波羅蜜的大乘行者來說，第六個般若波羅蜜是智慧，前五個波羅蜜是方便。對金剛乘來說，觀想身體是本尊的清淨身，用聲音念誦咒語，將周遭的環境想像爲佛淨土和越量宮是方便，心安住於圓滿次第中是智慧。讓我們再來討論一下。」

學生：「上師瑜伽修持的重要性是什麼？」

仁波切：「上師瑜伽的藏文是 lamey naljor。Naljor 的意思是『瑜伽』，nal 代表真正、真實，jor 代表成就或者到達。那麼通過上師瑜伽我們要去到何處？達成什麼？應當接受四部灌頂、清除四種蓋障、證得佛之四身。簡短的說，我們應當試著去達到上師所證悟之真實無虛、究竟的體性──不只是達到，還要融會貫通，徹底證悟。修持上師瑜伽的行者應該要去證悟和上師心中無二無別的真實的內在體性，有一個譬喻叫做『好比從同一個模子裡造出來的』，一模一樣的複製品。

「上師瑜伽的修持不只是去想著你自己的金剛上師的樣貌，那是虔敬心的訓練和獲得加持。通過觀想上師的樣子，生起虔敬心；通過虔敬心，得到加持；由於得到加持，證悟就會發生。」

學生：「當強烈的情緒生起時，一個初學者能夠體認到本然狀態嗎？」

仁波切：「在極端強烈的情緒下，體悟當然是很難的，因為我們會被情緒壓倒，被情緒帶走。另一方面來講，由於

未受到注意的念頭和感情的潛流，處理漠然的、不確定的情緒也同樣困難。最好是從介於這兩種極端情緒的狀態入手。事實上，相較於遲鈍的狀況，人們更容易認出和處理劇烈的念頭和情緒。」

學生：「在寧瑪派的體系中，行者是不是修持到體認本覺，然後在接下去的成佛之道上一門心思專修本覺？他們做不做其他修持呢？比如修心、本尊觀想、念咒等等？」

仁波切：「不論是寧瑪還是另外三派，對於三善的修持都是完全一致的，以皈依和發心開始，然後遠離參考點修持正行，最後迴向功德——一切修持都包含在此三個要點中。一開始，趣入離概念的覺醒狀態是不容易的，因此就發展出許多修行方法，作為導向該狀態的基石。不管你做哪種修持，最終的結果應當是圓滿的證悟。導致圓滿證悟的唯一原因就是證悟佛心，那來自真如三摩地的修持。真如三摩地本身就是離概念的覺知的本然狀態。如果你想要得成正等正覺，絕不可能逃避對覺醒之本覺狀態的體認和穩固。所有其他修持都只是趣入這種狀態的幫手。覺醒的狀態是一個極其微妙而難懂的論題，因此我們花了許多時間在這上面；那也

是最至關緊要的，猶如飛機的引擎。」

學生：「是否因為我們需要從事工作和日常活動，所以就不能快速的獲得穩固的覺知？」

仁波切：「不需要將自己無法獲得穩固本覺的原因推給日常活動，就算是沒在做任何事，念頭還是此起彼伏。你可以關上門窗，靜靜的躺在床上，然而即使念頭沒有手腳，還是不停的忙東忙西，一分鐘也不安靜。所以不要將我們迷惑的心識狀態怪到日常活動上，這不是它們的錯。不騙你！現在我們就有『這個或那個』五花八門的想法和概念，它們都是自動生起的。不論你是否從事日常活動，它們照樣生起，沒有差別。許多原因，外在的和內在的，導致念頭的生起。外在條件是我們在應付這個世界時遇到的問題，內在條件則甚至在我們靜靜的躺在房間裡時，也能創造念頭。」

學生：「圓滿證悟的佛陀心中也有念頭嗎？」

仁波切：「在圓滿證悟的佛陀心中，念頭已經轉化為智慧，它們起著智慧的作用。當我們買兩公斤馬鈴薯時，那就是兩公斤馬鈴薯而已，對吧？佛陀不僅知道確切的重量，同時他也清楚在這兩公斤的馬鈴薯中，哪些有微小的瑕疵，哪

些裡面有蟲子、哪些沒有。」

學生：「我覺得您所說的和傳統藏傳佛教上師所教導的有些衝突。您能再說說修持傳統之道的重要性以及如何和您今天公開教導的結合起來？」

仁波切：「首先，你知道要獲得這個所謂具備八有暇和十圓滿的寶貴人身是很難的，這很不容易，對吧？在擁有珍貴人身的人們當中，對於心要教導有興趣的相當少。而在有興趣的人當中，願意實修的人則更少。對於想要實修的人來說，能和一位真實無虛的具格上師產生連結的極其稀有。近來在世界上很多地方似乎有越來越多的人對心要教導產生興趣，但是上師們沒辦法到所有的地方去。因此，真正有興趣的人常常需要歷經艱辛才能找到一位具格的上師。

「事情的另一頭也很困難。具格的上師們往往在不同的地方浪費了許多時間，卻沒有發現具器的弟子。以前有一位偉大的印度成就者叫做希利提傑那（Smritijnana），他是具有偉大成就並且學識淵博的上師。他通過神通看見他去世的母親已經重新投生在藏地某個不幸的環境裡，他就帶著一個翻譯去到西藏，希望能夠找到自己的母親並解救她。在路

上他的翻譯也去世了，這位上師就一個人留在語言不通的藏地。他最終找到了一份在山坡上放羊的工作，但卻沒有機會給予任何教導，最後圓寂了。此後，偉大的阿底峽尊者聽說了希利提傑那的事情，得知他去了藏地，沒找到學生，最終圓寂了。聽說他的情況，上師們都傷心欲絕，緊握雙手，流下眼淚。這種事情是可能發生的。近年來，有一位偉大的上師，他的名字是德松仁波切（Deshung Rinpoche），他在北美待了二十五年，大部分時候一個弟子也沒有，只在最後幾年教了幾個人。但他還是待在了北美。

「每個上師都有自己的風格。有的上師說：『除非你完成前行的修持，不然我不會教導你見地。』對於對佛法有信心、對上師有信心，相信因果報應、前世今生的人來說，一點問題都沒有。有些人欣賞佛法是因為其見地極其深奧、極其清晰，你越是檢視、追問更多的問題，就能鑽得越深，也越有滋味。近年來我遇到的大部分外國學生對於見地有非常明顯的興趣。他們問許多如何理解空性的問題。有些上師，當他們遇到一個學生時，會等一陣子才和他討論甚深的教法，他們會想：『我以後會解釋。』別的上師們就可能暢所

欲言。其中的一個原因可能是現在沒有什麼事情是可以預期的，你永遠也不能確定弟子和上師能在一起待多久。」

學生：「所有這些複雜的修持方式的目的是什麼？」

仁波切：「首先，你能毫不間斷、日日夜夜地保持無造作的本然嗎？假如不能，一直維持你做不到的事情有什麼用呢？是不是應該做一些事情來幫助自己體悟呢？概念性的修持是一種造作，是刻意的，但在所有人為的活動中，是最有用的。然而，假如你跑到市場去，坐在那裡一副自己已完全離戲的模樣，這也是很不自然的。在做前行的時候，炫耀自己能做多少，或者自己有多精進也同樣是錯誤的。人為的方式有很多。對你的問題最好的答案是這句話：經由造作最終得入無造作。」

學生：「空性的證悟需要很聰明嗎？一個頭腦簡單的人精進修持上師瑜伽可以證悟嗎？」

仁波切：「這當然是可能的；事實上，這不僅可能，而且已經發生過的次數多得數不清。你可以去讀一下修行者的傳記。看起來似乎一個人要學習很多才能理解空性，然而，證悟不靠學問。」

　　學生：「如何將做大禮拜的修持和體認心之本性結合起來？」

　　仁波切：「這要看這位修行者。假如他不是初學者，已經對本然狀態、對眞如三摩地相當熟悉，那麼一面做大禮拜一面這樣修持是可行的。在做大禮拜的時候，他不需要離開本然狀態，即使在環繞聖物的時候也可能認出心性。如果這麼做很困難，那麼就這樣修持：首先發心；接下來，想像頂禮的對象，比如諸佛菩薩，觀想一位有情眾生環繞著自己；接著所有的人一起頂禮；結束時光線清淨了自己和一切眾生；然後，將觀想消融，安住於本然狀態中一小會兒，這段時間就叫做『中善遠離參考點的正行』。

　　「概念性修持對初學者是很重要的，因爲他不能夠就這樣維持非概念狀態很長時間，這種事情不會發生。因此從事一些概念性的靈性修持，比如『積累資糧』和『清淨蓋障』會比較好。教法上說當蓋障清淨，證悟就會自動發生。」

8 一體

四法印的核心就是一切事物都空而無我。不能證悟這一點，我們就會流浪輪迴；實際證悟之後，就獲得圓滿菩提。這是廣為佛法的四部宗見以及藏傳佛教的四個主要派別所接受的見地。

根據寧瑪派的傳統，當嘗試「令惑顯智」（讓迷惑展露出智慧的曙光）時，行者需要訓練的是空性和一切顯相的無我。噶舉傳承也是採取同樣的方法。薩迦傳承有一個《遠離四種執著》的教導說：

> 若執著此生，則非修行者；
>
> 若執著世間，則無出離心；
>
> 執著己目的，不具菩提心；
>
> 當執著生起，正見已喪失。

第四句偈頌的意思是說，只要你還認爲「事物非空而且有我」，你的見地就是錯誤的，因此不可能解脫或證悟。

格魯傳承接受的見地是空性和緣起的雙運。偉大的宗喀巴大師寫下了這四行偈頌：

> 輪涅自性微塵亦不存，
> 因果緣起纖毫誠不欺，
> 二者不相違逆卻相依，
> 願我得證龍樹之密意。

雖然輪迴和涅槃看似眞實存在，但實質上沒有任何實存性。一個事物看起來存在而究竟上不存在並非自相矛盾。換句話說，一切都缺乏眞實存在的基礎的同時，業力因緣相互依存，絲毫不爽。這兩個方面毫無衝突。這就是爲何二諦是不可分割，一切事物都能顯現的原因，也就是說：

> 色即是空；空即是色。
> 色不異空；空不異色。

一切事物空而無我

雖然是空性，卻能體驗萬物；然而在體驗的同時，一切又都是空。這兩者的不可分割被稱爲「體驗和空性的雙運」。我們必須認知到一切事物都是空而無我。金剛乘的證悟法門極其清楚和直接。

不管你修持什麼法門，不管你是修持三乘或九乘中的哪一乘，在自己的實修中應當落實的是「一切事物空而無我」。傳統上認爲佛陀給予了三轉法輪的教導。二轉法輪的重點在於事物的空性層面，而三轉法輪則描述了覺空不二。從二轉三轉中出現了不同的宗見，比方說：大乘的唯識派和中觀派、中觀自續派和中觀應成派、自空派和他空派。

「小乘追隨者」這個慣用語指的是具有以下見地的人：一切粗大的事物都是空，但是皆由某種成分組成 —— 比如說微粒和瞬間的心識，這兩者有著真實或究竟的存在。一個小乘追隨者不能接受一切皆空，認爲總歸會有某種東西的存在。這正是爲什麼這種主張被稱爲「小乘」或「下乘」的理由。與此相對的是大乘的唯識宗，主張一切皆不存在，

萬法唯心造，由心而顯、顯現於心。在這種見地中，一切「唯心」，除了自覺之心，一切都非究竟存在。

中觀派的見地則更高。這個學派認為，一切顯相都超越了生住滅，既非存在亦非不存在，既非二者都是亦非二者都不是。既然任何有關究竟狀態的陳述都會有失偏頗，中觀追隨者主張內在體性是離開言詮，不可思議的；總之，是全然離戲的。究竟的中觀見完全不安立任何論點或者價值評判，認知到一切事物的真實體性是完全超越概念的。這與大手印及大圓滿所證悟的見地完全一致，後者用「無造作的覺知」、「本自俱足的覺性」等術語來描述。

為能體認遍在於輪迴和涅槃的本自俱足的覺性，亦稱為「不變大樂」，就需要獲得口訣教授。方法之一是首先被引見一切經驗皆是心的感知，接著被指出一切心的感知皆是空，空性是遠離造作的，以及這個不造作的空性是自解脫的，本然自由。最後，你認知到這個自解脫就是法身，以及法身從無始以來就是遍在於一切的。

在大手印中分為三個部分：根大手印、道大手印和果大手印。首先，事物的本質（佛心和眾生心的本質）沒有顏色

和形狀、中心或邊緣，因爲那是遠離一切局限和偏見，既非存在也非不存在，此即根大手印，你也可以稱爲「遍在於輪涅的偉大覺性」，這就是根。

你不可以說遍在於輪涅的偉大覺性是一個存在的「東西」，也不能說什麼都不存在，它不落入任何存在或不存在的局限範圍。眾生是迷惑、錯亂和無知的，然而，他們的基礎，這個偉大覺性的根基，從來就不曾迷惑、錯亂和無知。根基不是一種可以被因緣所改變的「東西」，佛陀極其的善巧和精通，但即使佛陀也無法改變偉大的覺性。雖然凡夫被業力、煩惱和習性的面紗重重障蔽，他們的根本智慧則完全不被遮障。

當你證悟這個覺性時，絕對不是在任何方面有所改善；同樣，遍在的覺性被遮蔽時，就像凡夫的情況，也絕對沒有變得更糟或毀壞。覺性就如同虛空中的皓日：不管濃雲如何蔽日，太陽本身從未被障礙和覆蓋。密續對偉大覺性的描述是：「空性在所有面向都是至高無上的，而這些面向與不變之大樂不可分割。」在《寶性論》中，覺性被描述爲超越一切的永恆，超越一切的大樂，超越一切的清淨和超越一切的

本體。

根道果為一體

因此，根基是遠離迷惑的，迷惑發生在道的階段。我們需要去實修和證悟的就是這個大手印的根基。不管賦予它什麼名字——本覺、內在的覺性，還是平常心，你需要將根基本身帶到實修的體驗中，你需要保持的覺受就是根基本身，而非其他任何東西。這就是道大手印。

竅訣傳承告訴我們：「一旦你體認到根大手印，就要遠離執著和散亂來保任它。」「遠離執著」的意思是，假如我們執著為需要理解的「見地」，這種智識理解就不是道大手印。「遠離散亂」的意思是當你不散亂，就能保任根大手印的狀態；當你散亂了，它就會消散。根大手印不是可以在思想上培養的，讓根大手印延續僅僅是保持其原本的狀態。在這當中你能得到什麼？你得以遇見、體驗和證悟內在的法性實相。

這就是所謂的「解脫」，不外乎是本然自由的。不像是一種產品或者刻意的舉動，不是你要去做出來才能解脫。總

之，道大手印就是去體認根基、你的本然狀態、不造作的平常心，然後離概念的保任它。

果大手印是遠離解脫者、遠離希求和恐懼，這表示沒有什麼單獨的對執法能來解救你。因此大手印的見地是遠離希求和恐懼的，毋需接受一個事物而拒絕另一個。當你能保持這一點，你就達到了「概念和顯相的窮盡」。在道的階段，你通常會獲得某種決定或確信；但慢慢的，即使是這種概念決定（「這就是了！」）也脫落了。所以，「果」是連這種概念確定都不再有的解脫。

在一開始，對於傳達給你的信息，你需要去獲得智識理解。接下來，需要具備一種信念或信心：「我能這樣來修持，我能將之運用在實修。」你需要能確定二者的差別，確定平常心和非平常心的分界線。

隨著實修獲得穩固，一切的想法本身會轉變為法身。如我之前所說，就像來到一個黃金所成的小島，你找不到一塊普通的石頭。此時，無論是概念理解、覺受或確信（比如「現在我明白了！我體驗到了！我懂了！」），都不再需要，這些沒用的構造都會自動脫落。你不需要將它們趕走，

就算想這麼做也做不到,這樣做也沒有什麼實際意義,它們會自己脫落。

因此從這個意義上說,根和果是一回事,不可分割。在這兩者之間稱為道,是迷惑生起和袪除的地方。從究竟來說,在根的階段和果的階段,遍滿一切的偉大覺性是一樣的。密勒日巴祖師說:「將大手印的根道果當作一體來修持。」這表示根大手印、道大手印和果大手印實質上沒有差別。在道上修持的應當是平常心、無造作的本然。除了令它延續和獲得穩固之外,什麼也不會得到。大家有問題嗎?

學生:「中觀的見地和大手印或大圓滿的見地之間有差別嗎?」

仁波切:「這取決於你對中觀的理解是什麼、它是如何被解釋的,以及在什麼背景下做的解釋。中觀一般是和二轉法輪的教法相關聯,著重強調空性而非其他。如果是人們常說的『了義大中觀』,則更側重於覺分或者明分,包括佛的四身五智,這是和三轉法輪相關聯的。一些學者說中觀自空派更接近二轉法輪,中觀他空派更接近三轉法輪。學者們在

教學的時候，更容易講解自空見，而著重實修的上師們則側重於他空見。

「藏地有一位不可思議的偉大學者：第八世噶瑪巴米覺多傑，他對龍樹菩薩的《中觀》❶ 做了極其詳盡的註釋。在他成書的期間發生了一件奇怪的事情。大部分註釋採納的是自空見，但在將近結尾的時候卻轉換成了他空見。當人們學習他的註釋時就有點困惑了，並且向他請教。噶瑪巴說：『早期，通過智識的聞思，我對自空見產生了強烈的信心和信念。但隨著我遇見許多偉大的成就者，向他們求教，自己也深入修持，我開始對他空見更有信心。』

「偉大的證悟者、學識淵博的上師蔣貢康楚羅卓泰耶寫了一本對《寶性論》的註釋，在這本書中他論述了中觀的兩種觀點：自空和他空，是彼此毫無衝突，不相矛盾的。這是一本很值得研究的著作。」

學生：「該如何來描述這個遍在輪涅的偉大覺性的存在

---

❶ 此處英譯本似乎有誤。Madhyamika Avatara 是月稱論師所著《入中論》。米覺多傑所做的註釋是對龍樹菩薩的《中觀》。

呢？」

仁波切：「當我們質疑和檢視事物，會發現事物本身並不具備任何自性，它們並非獨立的實體。智識上得到這個結論並不難，這是事物空的面向。這就是學者們否定『證悟是存在的！』的原因，因為聲稱『有』是不對的。然而，聲稱『證悟不存在！』則有更大的過失。假如什麼都不存在，沒有智慧、沒有全知的證悟，那討論道和果又有什麼意義呢？假如你說不存在『遍在輪涅的偉大覺性』，就會武斷的錯認為沒有圓滿證悟這回事。遍在輪涅的偉大覺性是我們超越概念心的本然體性——因為超越了概念，所以那不是爭論的對象。」

學生：「大手印和大圓滿的差別是什麼？修持這兩種法門都可以證悟虹光身嗎？一位偉大的上師需要依賴外在環境來證悟虹光身嗎？」

仁波切：「大手印有不同的種類，比如說樂空大手印、明空大手印、覺空大手印。覺空大手印和大圓滿的見地是一致的。另外兩種大手印，則是以樂、明、無念三緣和來自於四喜的十六種智慧為支持而出現的，是到達覺空大手印，也

就是大手印的真實狀態——赤裸的平常心的基石。這種狀態和大圓滿本然清淨的立斷（藏文 Kadag Trekcho）見地是一致的。

「『虹光身』一詞，常常是在一位修持大圓滿『任運頓超』而成就的修行者圓寂時所使用。這並非表示大手印的上師不能獲得虹光身，通過修持那洛六法可以獲得類似於虹光身的成就。當一位行者穩固確立了立斷的見地和獲得了頓超的禪修成就，就能成就虹光身。當內在和外在的有利條件具足時，虹光身就發生了。最重要的因素之一，就是有沒有三昧耶戒的過犯。如果行者常常獨處而且三昧耶戒清淨，他或她就更容易獲得虹光身。偉大的成就祖師們曾經說過：『絕沒有敵人能傷害我，唯一能干擾我的就是三昧耶戒的破犯。』不管這種破犯是發生在師徒關係上，或僅是因為親近了破犯三昧耶戒者。三昧耶戒的破犯是唯一能玷污證悟的事情，這也是終生在僻靜深山中閉關的修行人，更容易獲得虹光身的原因。

「有些偉大的上師們，擔負寺院方丈的職責，他們的弟子獲得了虹光身成就，他們自己卻沒有證得，這樣的故事有

很多。但是最近，有一位叫做雅拉貝瑪都杜的上師，在他五百位弟子的見證下獲得了虹光成就。」

學生：「那麼印度的大成就者們是什麼情況呢？」

仁波切：「他們的本生故事中提到『他們沒有留下肉身，去到了空行母的聖境』，這也許表明他們的肉身轉化成了光之身。」

學生：「我讀過一本禪宗的書，說到簡單保持身體姿勢的修持。其實沒有什麼是可以被看見、被禪修、被得到，你就只是保持無念，不去描述。這和您在這裡教導的是一回事嗎？」

仁波切：「我見到過幾位禪宗老師，並有過幾次交流。他們的觀點和《般若波羅蜜多心經》所表述的一致。禪宗更加專注於空性特質，對於明覺的部分並沒有太多描述。除此之外，是非常相似的。」

學生：「這是不是就像是寒山禪師的境界：『不思即可』？」

仁波切：「我遇到的禪宗老師沒說『不思』，他們說『超越思維』，這和『不思』是不一樣的。」

學生：「『不知迷惑亦不知解脫』（knows neither delusion nor liberation）這句話當中是否有著某種知道？」

仁波切：「『即非迷惑亦非解脫』這句話中不包含任何知道的意思——其意是『沒有』。這是英文的修辭法，就好像 it knows no boundary（沒有邊際）意思不是說『知道』，而是『沒有』邊際。根和果二者都是超越迷惑和解脫的，如果你將之當作並非超越迷惑和解脫，將是錯誤的。」

學生：「怎樣修持那洛六法呢？」

仁波切：「傳統上，大手印的修持次第如下：首先行者進行前行的修持。接著進行本尊咒語念誦的修持，獲得某種穩固後，將被引導進入大手印禪修本身。到這個階段，就可以利用方便道：那洛六法，來增長和穩固大手印禪修。因此，那洛六法是以大手印為基礎而修的，對大手印沒有了解的人，是不能給予那洛六法的教導的。

「比方說，睡夢瑜伽、幻身瑜伽和光明瑜伽等，必須在大手印的狀態中修持。離開大手印，不可能有對光明瑜伽體性的體認。

「那洛六法運用了不同的要點。行者觀想身體中的脈，

並訓練氣的能量。實際上有兩種不同的氣：清淨氣和不淨氣，又稱爲煩惱氣和智慧氣。通過一些技巧，行者可以控制不淨的部分，並讓清淨的部分（智慧脈和智慧氣）逐漸展現。這是那洛六法背後的基本原則，本質上是加快證悟的助力。」

學生：「我聽說昏沈和掉舉是修行的標誌。初學者需要做一些練習祛除昏沈和掉舉，但究竟來講應當超越取捨。一個人怎麼知道是否應該去改變它們？」

仁波切：「首先，昏沈和掉舉顧名思義，就是那個竊據主導地位、並遮蔽了平常心（大手印狀態）的，以致於你無法認出它。當昏沈和掉舉的時候，就不在大手印的狀態。當你自然穩固於眞實無虛、完美無瑕的大手印狀態時，就不存在昏沈和掉舉二者。

「現在來看看，昏沈和掉舉要能造成任何妨害，必須要有一個屬於誰的領域供其侵犯和妨害，對吧？如果這個人或地方不存在，那它們又去妨害什麼呢？爲什麼要用『敵人』或『竊賊』這樣的詞？我們說：『誰是敵人？昏沈和掉舉。它們妨害了誰？它們妨害了平常心的穩固。』之前說過，來

自於外部的敵人是容易對付的，你可以做一些事情確保敵人不能進來——鎖上門或派一個保鑣站崗。然而，當製造問題的人是你自己、當造成妨害的是自己，在這種情況下誰也幫不了忙，你自己必須小心和持有正念。

學生：「既然昏沈和掉舉來自於自身，為何這麼有害呢？」

仁波切：「假如你有（一池）清水，你不斷干擾它、攪動它，一面又說：『我要美麗清澈的池水。』池水能清澈起來嗎？如果一個人老是想著：『現在昏沈來了，現在掉舉來了。』就肯定會造成昏沈和掉舉啊！關鍵在於在昏沈和掉舉的時候去承認它們的存在。當你說這兩種狀態不是外物，這是對的。然而，厚重的昏沈和強烈的掉舉是會破壞平常心的狀態，這就好像水和火不可能放在一個盤子裡。當你感到極其愚鈍昏沈，大手印見到哪裡去了？不僅如此，當你真的因一個狂暴的念頭而激動，大手印狀態當然已經消失不見。」

學生：「了知攪擾的存在難道不是大手印狀態嗎？」

仁波切：「完全不是。僅僅知道攪擾的存在不是大手印。留意到正在發生的事情，叫做正知或正念。有兩種不同

的覺知。」

學生：「我之前不知道還有兩種覺知。」

仁波切：「在佛法中『覺知』這個詞用在兩種場合。第一種是本自俱足的覺知，第二種是『覺知某件事物』，比如正念的覺知。本自俱足的覺知是大手印的狀態，不是僅僅記得或概念思維。當你注意到：『現在我正在迷惑，現在正在昏沈，現在存在掉舉。』這些都只是想法概念。在這種情況下『覺知』這個詞的意思是『對某件事物持有正念』。」

學生：「在沒有開始任何的前行和本尊修持前，可以做止觀的禪修嗎？」

仁波切：「藏傳佛教的傳統體系是先完成前行，再開始本尊修持，而止觀禪修是和本尊修持結合起來教授的。不同的老師有不同的教導方法，可能會側重於某一面。有些上師會讓你花很多時間修持止禪，之後才談得上觀禪。有許多不同的趣入方式，但基本如此：在前行或本尊修持之前，沒有太多的提及止觀禪修。」

學生：「看起來似乎有兩條路？一條從前行開始，接著禪修，做本尊念誦，最後進入大手印的正行。第二條路似乎

是先開始止禪，接著觀禪，最終止觀雙運。是這樣嗎？」

仁波切：「在藏地，人們從前行開始，然後進入本尊修持。止觀的修持完整的包含於生起次第、念誦持咒和圓滿次第中。不同的上師用不同的方式教導弟子止和觀。這也許是你認為以上兩種方式是兩條不同道路的原因，但實質並非如此。有些弟子不需要做太多止禪的練習，就能體認到觀禪離念的覺醒狀態。另一些需要做多年的禪修，獲得穩固的安止後才能將觀禪引見給他們。在藏地，人們不認為前行有什麼大不了，也不需要很長時間才能完成。近來情形有點不同，前行看起來是個龐大無比、招架不住的功課！」

學生：「您之前提到前行和本尊修持的正行是超越任何參考點的，行者應當安住於這種狀態一小會兒。這種安住是真正的道大手印，還是另外一種方式的前行？」

仁波切：「因人而異。就算一個所謂的初學者，剛剛開始前行的修持，但是如果他之前接受過大手印見地的直指並體認到這種狀態，那麼他的修持就是真正的大手印禪修。從另一方面說，如果有一位精進的修行者完成了前行，也完成了相當數量的本尊咒語的持誦，但對於真實的見地尚未生起

清晰的確定，那就還是缺乏至關緊要的一環。

「傳統來講，一般會假定初學者還沒有大手印的了悟。因此，他或她通過前行的修持來袪除煩惱等阻礙大手印證悟的蓋障。隨著蓋障的清淨，對於大手印的領悟變得越來越精純，越來越接近更深的清明和洞見。有朝一日，通過自己的修持，本來只是智識版本的大手印忽然一下子變成直接的親身體驗。這不表示前行階段沒有給予大手印見地的教導。事實上，在噶瑪噶舉的前行修持儀軌中，對於生起大手印的體驗有非常清晰的指引。」

學生：「行者需不需要有一位上師才可以開始修持前行？」

仁波切：「首先你要分清楚根本上師和佛法老師的差別。你不需要有一位根本上師才能開始修持前行，但你確實需要有一個老師教你如何去做。如果你有這樣一位老師，同時擁有對佛法僧三寶的熱忱和虔敬，你就會被允許開始前行的修持。」

9 體認

　　如果有人問：「佛法的見地到底是什麼？」我們可以回答是「和空性不可分離的相依緣起」。你可以再解釋詳細一點，佛法秉持二諦，也就是兩個層面的實相：相對實相是認知層面的真實，究竟實相則是本然狀態的真實。

　　在你尚未開始質疑事物的本質時，相對實相似乎是真實的顯現。一旦我們開始研究這個貌似實相的體性時，就會發現其錯謬。這個錯謬的、迷惑的、體驗的本質是遠離戲論的空性——究竟的實相是超越迷惑的。究竟實相並非和相對實相分離與對立，而是恰恰是相對實相的體性。「空性」、「無我」、「離戲」指的都是究竟實相。但仍舊，輪迴和涅槃中一切表面的顯相和存在，對於一顆迷惑的心來說似乎無比真實——這就是相對實相，執著於世間一切表面現象。究

竟實相是真實無虛和無錯謬的，是遠離迷惑的心靈狀態，是世間一切表面現象的體性。如果能對兩個實相的差異有某種程度的清晰理解，就能了悟事物的實相。

隨著六道眾生的差別，萬物以各式各樣的方式出現。然而，當一一檢視這些感知和體驗，你找不到任何獨立的實體，一切皆空，這是究竟實相。由於人們在智識能力上的各種差異，才形成了多重的教法來解釋同一個實相：一切事物皆空而無我。當說到「無我」，其本身不是另一個可以被認知的「東西」，即使是究竟的智慧也不能；無我的意思是「空無實體」或「無自性」。這是中觀自空派的定義。即使是通過智慧也無法看見一個具有自性的實體，就被稱為「自空」。至於中觀應成派的見地，則認為即使是通過智慧，自性既非能被看見，也不是不被看見，他們不聲稱任何一種情況。而中觀他空派的見地是，所有瞬間的顯相是空無自性，但本自俱足的覺性既非空無亦非不存在；亦即，雖然一切瞬間的顯相是空，本自俱足的覺性則不是空，這是他空派的主張。這個離念的覺性是不可言詮、無法描述的。這是了義大中觀的見地。禪修的訓練不應該和見地分離；行持則包括不

僅捨棄對眾生的傷害，而且還要竭盡所能的利益眾生。果地則是為自利故，證悟法身；為利益無量眾生故，示現色身。

佛陀給予了三藏教法及密續的教導，以令我們能降伏三毒。佛陀所教授的律藏法門有兩萬一千種，用來對治執著；不同的經藏法門有兩萬一千種，用來對治憤怒；兩萬一千種論藏（阿毘達摩）用來對治迷惑，以及兩萬一千種四部密續的教法，用來對治三毒的結合；所以總共是八萬四千種法門，皆可歸結為對心之體性的教導。

就像我不斷重複的，這個體性被賦予了許多名字：離戲、空性、佛性，無論給予它什麼樣的名字，都不是可以從外在獲得的，它就存在於我們自身。它是你所有不同念頭的思考者，是你心的本然。超越概念的、覺空的心之體性本身就是法身。輪迴和涅槃的所有一切顯相都是這個覺知的展現。

四部灌頂

金剛乘所運用的直接引見心之本性的方便法門，就是接受和領會四部灌頂，最關鍵的是第四部「勝義文字灌頂」，

所要指示的就是無造作的本然覺知。只要我們還將不實以為實，就把自己關在輪迴存有裡面。接受灌頂的目的是要體悟實相。在實相中，我們的身體是本尊、聲音是咒語，我們的心雖然有暫時的迷惑，但其本然狀態是遠離任何蓋障的。本初的覺性自然的、完全的當下與我們同在。

　　現在我來詳細介紹一下四部灌頂。第一部灌頂「寶瓶灌頂」，目的是為了向我們引見覺空不二的實相。我們的身體是可見的形象和空性的雙運，此雙運本身就叫做本尊。你不需要認為本尊就一定是有許多張臉、許多手臂和各種不同特徵的神祇。我們的身體、這個肉體的存在，已經是色空雙運，但因為把這個世界和自己看作永久的實體並對此生起執著，就讓一切看起來極其堅固．

　　第二灌頂「秘密灌頂」，是為了引見聲空不二的實相。聲音的回響能被聽見，卻是空的，當你能證悟這一點，就是接受了秘密灌頂。

　　第三灌頂是「智慧灌頂」。我們的身體能夠體驗到快樂、痛苦和其他許多種感受。在身體裡面，氣、脈、明點有清淨和不淨兩個層面，基於不清淨的層面，而生起執著、憤

怒和迷惑。那洛六法的目的，就是通過運用氣、脈、明點的要點，清除不清淨的層面，發展清淨的層面。通過此方式，行者能迅速體證明空雙運、樂空雙運和覺空雙運。

我們現在處於三界輪迴之中，特別是人道，屬於欲界。這一界的眾生最主要的特質就是充滿欲望和執著。當然也因人而異，有些人的五毒煩惱是同樣的熾盛；有些人的五毒則輕得多；還有些人某一種特定的煩惱要比其他的煩惱熾盛得多。然而一般來說，欲界的欲望是最熾盛的。

佛法的三乘對治這種執著的方法顯著不同。上座部的教法主要是捨棄：出離欲望以及欲望的對象；菩薩道向我們展示了如何轉化執著。金剛乘的教法則讓修行者將煩惱轉為道用。通過正確的運用氣、脈、明點的特殊要點，行者能夠快速穿越五道和十地。但假如不能了知這些要點，這些修持就會流於普通、剛強的煩惱，並沈溺於欲望，行者就只是一個完全偏離了真實修行之道的凡夫。這就是金剛乘的修行，擁有解脫的巨大潛力，但也更具風險、應當保守秘密的原因之一。

一般的金剛乘教法（於此指的不是心要大手印和大圓

滿）和對四部灌頂的理解密切相關，也對此有極其詳盡的解釋。不僅如此，以此爲基礎的修行運用氣、脈、明點的要點，原因在於身體同時可以是好的品質和壞的品質的根基。基於身體，我們能將導致六道輪迴的所有原因（六種煩惱），發展到極致；但也是基於身體以及這些修持方法，而能將智慧的各個面向以及心靈的功德發展到極致。這就是爲什麼身體被作爲一般金剛乘修持的基礎。通過要點的運用以及增上的修持，行者能有飛速的進步。

在身體的各種可能形式中，具備六大元素的暇滿人身是修持的最佳資源。通過四種智慧及伴隨著的十六種大樂，我們就能達到證悟的狀態，稱爲「具足一切殊勝與不變大樂不二的空性」。最細微的執著之一就是依戀，我們必須從根本上摧毀欲望；而依戀之一是男女之間的愛戀，只有通過非常巧妙的金剛乘修持才能超越和捨棄這種執著。

我在這裡提起第三灌頂有幾個原因。佛法已經傳播到許多國家，適應了當地的文化，呈現出不同的風味。比如說，在斯里蘭卡、緬甸和泰國的佛教傳統中，佛陀被視爲歷史人物。那裡主要的修持方法是止觀，修持不包括多手多頭的本

尊，也絕對沒有父母尊雙運的佛像。在藏傳佛教傳統中，理所當然的，佛陀以各種不同的顏色和形象，比如多手多頭、雙運等形式出現。父母尊雙運的佛像是為了指出樂空不二的覺性，體驗這種樂空雙運的目的是為了能超越世俗的執著狀態，將之帶入修持之道。雙運的佛像也象徵著事物覺空不二的本然狀態，父尊代表的是覺的面向、母尊代表的是空性。對這個象徵意義的解釋有許多種，基本上，你應該理解金剛乘的各個方面都是引導我們了悟一切事物之實相的方法。

第四灌頂「勝義文字灌頂」引導了見地，我們終於到達對前面之灌頂的究竟證悟——樂空雙運的覺性智慧。第四灌頂的見地也有不同名稱，比如原始清淨的立斷見地（藏文 kadag trekcho），或者「原始俱生智」。應當理解的是此見地、內在的本然狀態，超越了道途中樂明無念的暫時體驗，這些只是修道中的臨時階段。對樂與歡喜體驗的持續關注不是究竟的成就。這就是為什麼大圓滿原始的清淨狀態，被定義為超越此三種暫時覺受和四喜的本然狀態。總之，超越三緣和四喜的本然狀態，就是原始清淨的立斷。

覺空雙運

對於本然狀態的了悟應當遠離斷見和常見，以及永恆主義和虛無主義的邊見。從本質上說，它是原始清淨而且遠離常見，這是空性的層面；從體性上說，它是任運自現，如此就不受斷見的限制。正因為我們的本然狀態是全然超越或已經遠離常斷二種邊見的，就是空；空的同時又是覺，是覺空的雙運。

當你深入仔細的檢視任何事物，你找不到任何方法可以為之貼上標籤。怎樣來稱呼這種無法明確指出任何一個實體的特質呢？它被稱為「本質空」或者「無自性」，和一切顯相本質是空的事實相一致。然而事物的本質雖空，仍然有五花八門的展現，以及對這些展現的相應認知。這是覺知的層面。

覺知的面向和空性是同時並存的。你如何去描述覺知的面向呢？它如夢如幻。因此一位證悟的瑜伽士會說，「一切能被認知和體驗到的，都處於覺知的廣境中，是覺知的展現、內在覺知魔術般的幻相。」與之相反的則是凡夫說：

「我看見了這個東西。它是什麼什麼……，對我來說它是真實的存在！」然而一旦仔細去看，你是找不到這樣的一個「東西」。換句話說，大部分情況下，你只是拿你對所感知對象的想法來愚弄自己。我們必須去體認一切顯相和存在的本質是空，而且完全遠離所有對此的心念造作。

顯乘首先承認每一個眾生都有成佛的潛力。一切有情都有心，因此俱足證悟的本質——如來藏。如來藏是獲得證悟的根本要素，是佛果的種子。通過承認佛性，並將之帶入修行，行者依次經歷道地的不同階段。金剛乘的教法更進一步的主張一切事物、一切顯相和存在，從無始以來就俱足遍在的佛性。這意味著一切事物、一切的顯相和存在，本質是空而同時又毫無障礙的展現。它的清淨面向就是佛之三身；它的不淨面向，就是三界輪迴。當你體認到佛性並能穩固於此，你所經驗到的就是三身之廣境。

我們如何在當下運用它？每個人都有心、不是無心的，但這個心是什麼？有一個在留意、能理解、做認知的，仔細檢視，它的根基是什麼？它究竟是什麼樣子的？你是不可能找到一個可以真正被明確指認或辨識的「東西」的。這個無

法被辨認的就稱爲「本質空」——這就是法身，我們的心就是這樣子爲法身所遍滿。其本質是空，但與此同時，又有一種能認知一切的特質。它能認知一切，於此同時心是空，心不需要在認知的時候將空停下來；然而同時，它通過認知來展現功用，這就叫做「體性覺」——這是我們心的報身面向。通過這種方式，法身和報身的功德特質同時在我們身上展現。第三點，空性本質和覺知體性的不二，也是一個事實。心空而覺、覺而空，這兩者不可分割，就叫做「性不分」，這是我們心的化身面向。

　　維持原始清淨的立斷見地，就叫做「禪修」。教法說大手印體系中的禪修訓練，就是在運用那洛六法氣、脈、明點之要點時不失見地的連續性。在這種情況下，所做的行持就是完全遠離評判與取捨，因爲此時你所體驗的一切、所有的顯現和存在，都是內在體性的展現和莊嚴。這是可能的，但是不用刻意，那是見地自發產生的力量。

　　我們應該向一位已經獲得證悟的具格上師祈請直指這個見地：勝義文字灌頂。當它被指出時，我們就會獲得某種領悟：「原來就是這樣。」即能生起對此覺空之心的本質狀態

的直接體驗，並認識到這些特質是不能分離、無可分割的。請記得光是獲得「它就是這樣」的觀念、然後坐著想想，就只是理論、智識的理解而已。

練習心的無造作

一個學生常常會這麼琢磨：「在我讀過的所有書裡面，以及根據上師所教導的：心是本質空但仍然能覺知。太棒了！那具有兩種不可分離的功德特質，是不二的雙運；我真的對此很有信心。那很有道理，但我體驗到了嗎？」如果你只是這麼想想就算了，你的疑惑就還在。因此當從上師那裡接受口訣教授之後，很重要的是不能就這樣把教法當成是理論或概念。你需要吸收它，並把它運用在個人體驗上，因為那就是修持的下手處。禪修的意思就是不斷純熟地去體驗見地，不是僅僅抱有某種想法。如果只是停留在智識理解，因為沒有實修的緣故，就不能進步。「實修」代表維持對見地的體驗。

在大手印和大圓滿的體系中，當說到「練習禪修」，我們練習的、或者說訓練自己熟悉的是什麼呢？是心的無造

作。造作的心總是執持主體和客體，二元體驗、二元認知，
這是愛和憎、希求與恐懼的基礎。對此最殊勝的對治法就是
心的無造作，簡單的無爲。對這種不在心中製造任何事情的
狀態可能會有各種誤解。你可能呆呆坐著、半夢半醒、醉醺
醺的、心不在爲，這也算是心無造作吧，但這絕對不是我
們所討論的無造作狀態。前面舉例的無造作是由於濃重的昏
沈，在這種情況下，確實可以體驗到一種空白和呆滯。你在
當刻可能沒有這樣那樣粗重的念頭，沒有情緒、甚至沒有細
小的想法，但這僅僅是由於昏沈而已。與之相反，佛心的狀
態、覺空雙運的覺性，是極度的醒覺，就像是一位不可思議
智者的雙眼。

> 不爲外物所沾染，
> 內在能知不能壞，
> 中間赤裸覺空性，
> 此即諸佛證悟也。

這首四句偈頌是由大譯師毗盧遮那所作，包含著中觀、

大手印和大圓滿的所有究竟見地。通過維持這個赤裸空性的覺知，我們的蓋障、惡業和習性就能完全根除。最棒的行者在今生即能獲得完全的證悟，稍差一點的在臨終時能證悟，第三種行者會在命終後法性中陰時體認、訓練，獲得穩固。

「具足一切殊勝與不變大樂不二的空性」了悟從無始以來就是我們的本然，是遍在輪涅的離念的覺醒狀態。當你了悟到這一點，就不再有禪修的對象，完全超越了「我、禪修者、在禪修、這個對境」的二元概念，就是本初的狀態，不可分割的根與果。對此的訓練不像在普通的禪修練習中，你嘗試用正念保持平靜的安止，或者將本尊當作對境來觀想；甚至也不像是勝觀，致力於更加深入的洞見。雖然在這樣的了悟中，連髮梢這般細小的東西都不需要去培養，但也不應當有一瞬間的散亂。偉大的祖師林傑日巴的上師，告訴祖師要閉關禪修內在體性、修習大手印、做禪座上的修持，他依教奉行，並隨著如法修習，在大手印的四瑜伽上一路進展。到了最後，他所有有關禪修或無修的念頭全消失了，於是寫了這首偈頌：

> 父囑禪修於本然，
>
> 窮子如說數數修，
>
> 修者所修二消散，
>
> 禪修後得悉瓦解，
>
> 如今更有何事幹？

清新、赤裸的覺性

　　一開始，行者需要抱有一點念頭，「正念」的意思就是要留意，實際上有兩個傳統術語來描述這種狀況：正念與正知。正知是一種更微細的概念狀態，不斷去留意自己的心有沒有從禪修中溜掉，就像是個巡邏的崗哨，且在大手印的前兩個階段（專一瑜伽和離戲瑜伽）中仍然保有此崗哨。這之後，崗哨也脫落了，所以你就不能說還有一個禪修的舉動、任何禪修的對境以及禪修本身。這就是林傑日巴說他已經超越了禪座和後得的意思。

　　對於大圓滿的初學者，真正的本覺禪修同樣也是遠離禪修者和禪修對象的觀念，但這樣的狀態沒法持續很久，只

在片刻之間。對於資深的修行人來說，這個片刻不會被中斷，日夜持續著。這種無需費力的正念叫做「遍照的覺知」然而，不論是初學者的短暫片刻或成就者無有間斷的了悟，兩者的體性是完全一致的，兩者都沒有禪修的主體和客體。它不只是對於不二狀態的概念，而是真正的不二狀態。「覺知在它的本然狀態中鮮活而清醒的安住」，意思就是僅僅讓它這樣就好了，僅僅就讓這個當下赤裸的覺性，保持清新、鮮活、醒覺狀態的原樣，這本身就是遠離禪修者和禪修對境的。不要給這個清楚空明的當下之心貼標籤。不要去想「現在這個就是本覺！」或者「這就是了！」，或者「我必須保持住！我必須避免它！」不要懷有希求與恐懼、取與捨。當你不再涉入任何的概念評判，本身就是內在實相、無念覺性，真實無虛的平常心。此時你毋需疑惑這是不是本覺——那就是。

連希求改善和退失恐懼這種不二狀態的心都不要有，放下所有的懷疑和不確定。不要去追隨轉瞬即逝的念頭，不要被粗重的情緒或微細的概念所俘獲。這裡的正行就是鮮活清明的安住於此不二之本覺，寬坦安住、本然自在。完全放

鬆，不要去檢查或質疑；完全遠離取捨——這些就是見到覺知本來面目的順緣。當你熟習於此，將不再需要做任何其他禪修。

雖然本然狀態不是一個可以放在心裡的禪修對象，但卻不得不如此來表述，不然的話就亂了，可能會產生嚴重的誤解。在這裡你要去禪修的那個和念頭及概念心沒有絲毫關係，它是超越概念的內在體性。除了平常心的自然狀態，你不需要做任何訓練。通過反覆地保任本然狀態，在某一刻你就會了悟妄念的本質即法身。當此發生時，證悟就無根無基的生起，其結果是所有執著的任運解脫以及一切習慣模式的瞬時放棄。在那一刻，所有的蓋障和習性完全清淨。持續以上的修持，即將迅速達成圓滿的證悟。

學生：「我想要來修持無修整覺知的本面。當我試著這麼練習時，沒有覺得特別昏沈，但也沒有太多想法。我這算是在維持覺知的本質嗎？」

仁波切：「這種狀態應該是覺而離概念的。覺的意思是你是醒覺的，準備了知一切。你不是失去意識的，對吧？

但同時你不應該概念化或造作出想法來。覺知但又非概念化（如果是這樣的話），而且你沒有老是想著『現在它是覺而離概念的！』當我們讓心的本質保持自己的樣子，就是本覺，不二的覺知。」

學生：「那我之後這麼想『嘿！它發生了！』，這樣可以嗎？」

仁波切：「事後你當然可以這麼想。在禪坐之前，你也可以想：『現在我應當在本然的覺知中安住！』然而，當本然覺知顯現時，你坐在那裡欣賞：『現在這個就是本然的覺知啊！』這樣子是不可以的。」

學生：「剛開始的時候，行者不會馬上見到妄念的本質，是這樣吧？」

仁波切：「這一點挺重要。剛開始的時候我們似乎看起來是在本然狀態和思維狀態中切換。思維狀態和本然狀態是不一樣的，前者會把我們帶走，讓我們忘記。對初學者來說，本然狀態不是自動發生的，因此你需要用特定的正念來提醒自己：『我忘了，我必須要記得本然狀態！』但隨著修持的不斷深入，到某個地步任何念頭都是當下解脫。念頭瞬

間成為本然狀態，不需要施加正念，也不會落入散亂。這個進步是重要的分水嶺。一開始我們需要正念在一旁，需要一個『提醒者』讓我們保持警覺。就好像身邊有個老師在說：『現在你正在被帶走，現在要記得，現在保持在本然狀態中！』又或者：『現在你正在思維，現在你已經完全被帶跑了。』在一開始的時候，要想讓任何修持有效用，這樣的老師和正念非常重要。這就像你剛開始學字母表的時候非常吃力，當你可以嫻熟的閱讀，就能自然讀懂文章的意思，一點都不用費力，就是如此。」

　　學生：「您的意思是說，舉個例子，心像是大海，念頭像是波浪？是不是可以說一切都是水，大海和波浪是不可分割的？」

　　仁波切：「密勒日巴祖師曾經有一個弟子（是一位瑜伽女），將自己的心比作大海、將念頭比作波浪，然後請教祖師說波濤洶湧時該怎麼辦，密勒日巴祖師回答：『這是真的，就像波浪是大海魔術般的顯現，念頭也是心魔術般的顯現。』當你一點都不把念頭當真，就讓它們去而不執著，那它們什麼也做不了，只能溶入大海。但假如你對波浪產生了

執著，波濤就會一直翻滾。因此最重要的一點是不要執著，別當一回事。」

學生：「當您說佛陀清晰的洞見三時，是什麼意思？」

仁波切：「我們通常的思維是按照時間順序的，一次只能想一件事情，過去、現在或未來。如果你正想著過去發生過的一件事，就沒法同時想到未來，只能在下一刻，切換到未來。因此在每一個瞬間，一個念頭接著另一個念頭，但從來不會同時發生。然而在佛陀覺醒的狀態中，並不受制於同一時間只能想一件事，而能同時了知所有的層面。三時以一種對我們現在來說不可思議的方式，在同一時刻無限的同在。」

學生：「原始清淨（藏文 kadag trekcho）究竟是什麼意思呢？」

仁波切：「立斷（trekcho）的本質就是原始清淨。其本質清淨，體性遠離二元的執著。這個原始清淨的內在體性是空，同時亦是覺。這並非僅僅是個想法或概念。對體性的了知是，**離開概念**，就斬斷了所有的概念，將之通通粉碎。你也可以這麼說：將概念拆成碎片。」

學生：「沒有概念，沒有執著的想法，如何能維繫持續的見地呢？

仁波切：「『我應當維繫見地！』的想法，並不能令見地持續。那只是一個想法，事實上，只是一種欲望。你認為見地是一件值得去擁有的東西。我們想不斷的擁有它，因此就坐著想：『我應當保持！保持見地！保持見地！』這樣是無法令見地持續的。想要維持見地，首先要擁有見地。應該由具格上師將見地引見給你，這是見地可以被延續的要因；而其間的促成因素則是在一旁的正念、『提醒者』，這是一種執著、一種概念。然而當你將對見地的個人體驗和這個提醒者『讓我們維持它！』相結合，這個刻意的舉動能將我們導向不費吹灰之力的狀態。概念導致離概念。

「為什麼當體認到心之本性時，我們並沒有馬上解脫？體認到見地時並沒有完全解脫的原因，在於體認本身並不能保證你擁有維持見地的能力。這就是正念的必要性，正念是最好的老師。擁有最上正念者是最上的修行人；擁有軟弱無力的正念者是軟弱無力的修行人；沒有正念者根本就不是修行人。

「在三乘中，常常提到『正念、正知、正行』，極其的重要。三乘在這一點的差異主要在於正念的對象以及含義。由此而論，如果某個念頭幫助你記得並因此能維持見地的本然狀態，就可以稱之為『正念』。」

學生：「有什麼辦法來對付這樣的危險：有人僅僅認為自己是一個具成就的大圓滿修行者，而並沒有完全實證見地？」

仁波切：「有一句有名的諺語：『當你看第一眼時，有把江湖術士當作大成就者（證悟的修持者）的危險。』將這句話用到自己身上，當我們想著：『讓我遵循見地來行事。沒有取，也沒有捨！』這只是一個心中的虛構，並沒有成為真正的不評判或無取捨。為什麼呢？因為這只是一個心意造作。在內心深處執著依然存在。當一位演員走上舞台並宣布：『我是英格蘭的國王。』他穿得像國王、舉止像國王，讓大家相信他，但演員他自己並沒有真的相信他就是英格蘭的國王，他的心中仍然有懷疑。就像演員從不僭越自己僅僅是模仿者的了知，一個自我膨脹的大圓滿行者只是在演戲，裝作是另一個人。」

學生：「在聲空的雙運中，是什麼讓聲音變得如此重要？」

仁波切：「關於聲空雙運的細節有很多。基本上，聲音是意思的車乘。通過聲音，人們得以溝通彼此的理解。具體來說，通過文字就能夠理解究竟狀態，這就是爲什麼聲音很重要。聲音比其他四種感官對象都重要的原因在於那是表達的媒介。另外的四種感官對象，在這種情況下，都是具體形象的一部分。」

學生：「如果所體驗的一切都是個體的認知，那麼如何來看待一切現象呢？從另一個方面說，難道沒有一種共通的認知嗎？」

仁波切：「過去的業行有兩種主要的成熟方式，其中一種叫做『成熟的共業』。比如說，我們大家身爲人類，對事物有共通的認知；每種不同的動物對顯相也有著自己共通的認知。這是業力成熟的例子。萬類生靈都有自己物種特有的共通體驗。與此同時，還有『成熟的別業』，亦即我們自身的體驗或者獨特的認知方式。比方說，當我們去到某個地方，即使是同一地點，每個人看到的東西都不一樣，對此就

會有不同的想法。這種類型的業力就不是共通的，而是個別的。

「再打個比方，就拿正在念這本書的人們來說，我會說你們和別的讀者一樣都具有同樣的幸運或者說『命運』。你們對於理解一個特定的主題有共通的興趣。然後還有一種正好相反的情況，對於閱讀此書毫無興趣的人也分享著同樣的命運，但他們可能會讀其他書，那就是一種不同的業力。

「還有一個例子。看看加德滿都山谷中的富人群，這些人也有共業，覺得有參加彼此的派對和社交活動的必要。他們相互拜訪，穿著類似，這就是他們共通的命運。沒人訂有強制性的法律規定他們必須有這樣的言行舉止，但不知怎的，他們被迫進入那種模式。然後還有具有共業的窮人，他們穿著破爛，房子裡沒什麼吃的，用特定的方式繞塔，等待別人施捨殘羹剩飯或幾個盧比。沒有法律強制他們這麼做，但他們也不得不順從某些形式。

「在各個層次，存在這麼多各自具有共同命運（藏文kalnyam）的團體，這是業果的成熟，就是共業。另一方面，別業是這樣的：每個讀到這本書的人，對書中的某個章

句都會有個人的解讀。」

　　學生：「在我們各種各樣的體驗中，如何維持見地？這種維持本身不也是體驗的一部分嗎？」

　　仁波切：「絕對是，那當然是體驗的一部分！不幸的是，干擾和分心的力量太強大了。密勒日巴祖師了解心是極度容易上當受騙的，他也知道顯相非常令人著迷，可以輕而易舉將你的注意力帶往另一個方向，俘獲你的心。意識到這一點，他躲避到山洞裡長年閉關。

　　「馬爾巴大師則正好相反。從外表上看，他顯得就像是一個正常的俗人，有妻有子。他會訓斥甚至責打他的追隨者們。當他說話時，老是用到『我』，例如『你沒好好招待我，你沒好好侍奉我』。

　　「馬爾巴大師多次去印度，得到了許多密續、口傳和教授。當他最後一次去印度時，他的上師那洛巴，把自己的手放到馬爾巴的頭頂說：『你是我的傳人，我在藏地的特使。回到那裡去，傳播教法，持守傳承，收很多弟子，令教法繁榮昌盛。那裡的許多人會批評你，會說你很自私，就是一個脾氣暴躁的普通人。然而，在你自己的體驗中，所有的執著

早已消失，你已到達究竟的境地，稱爲：窮盡一切概念和顯相。因此，回去利益眾生吧。』

「我們應當有自知之明而決定自己的行爲。如果你很容易散亂，常常被所見所聞完全帶走，你應當躲到山裡去，至少在那裡做三年的閉關。如果辦不到，至少離開數月。如果這也不可能，最起碼，去做一個私密的閉關。將門從裡面鎖住，如果有人敲門就咆哮；如果電話鈴聲響起，拔掉電話線；或者更文明的方式是在門上貼一條告示：『請勿打擾，我在禪修』。」

學生：「當你眞的在維持見地的時候，覺知和念頭自解脫了嗎？還是無論如何都不會有念頭生起？」

仁波切：「『維持見地』指的是維持無念的狀態──沒有概念的狀態。見地是概念思維的反面，維持沒有概念思維的狀態，當然意味著沒有念頭。在大手印體系，教法說平常心和佛性（如來藏）是一回事，不持有任何概念、觀點。在那時剩下的就是你無修整、無造作、原生的、離戲的本然狀態，被稱爲平常心。『平常』這個詞指的是自然的、非由製造出來的、簡單如此的。這個體驗遠離一切觀點的執持，也

超越了錯謬與疑惑。」

學生：「如果你回憶過去，但不去抓取，那時候有失去平常心嗎？」

仁波切：「問題出在我們對術語的理解上。如何去定義心中升起的回憶究竟算什麼？在《阿毗達摩》中，回憶屬於『名法』，也被稱爲『心所』。在平常心之中根本就沒有任何執著，而『名法』向來和執著扯在一起。因此，平常心之中沒有對過去的執著回憶。從另一個方面來說，對於一個已經長久熟悉平常心的修行者來說，就可以談到妙觀察智的功用，這種智慧有別於普通的回憶。但是說初學者的回憶是妙觀察智是沒有意義的，很容易引起誤解。」

學生：「在以果爲道的修持中，如何將散亂帶入道中呢？」

仁波切：「在大手印的體系中，行者可以修持那洛六法中的『幻身』，即對於魔術般幻相的修持。行者首先訓練將一切視爲夢幻，視爲一場魔術表演的態度——也就是說，不是眞的。隨著對此的熟習，事物對我們的吸引力、我們對事物的迷戀將減弱，也不再如此頑固不化。心這樣調柔之後，

大手印的見地將更容易穩固。

「依照大圓滿的體系，概念思考的本質，每一個妄念的本質都是不二、離概念的覺醒狀態。對每一個念頭，都要重新發現其內在覺性。大圓滿教法說：『永遠不要離開三重修持：視所見爲本尊；所聞爲咒語；所思爲智慧。』經由這樣的訓練，概念思維的花招和欺騙將越來越無力，我們不再輕易被蒙蔽。」

10 心要

　　金剛乘的教法、以果入道的方式，是極其深廣的。密續中有關大圓滿的教導就有六百四十萬頌。所有教法的核心都包含在對身語意即是三金剛──金剛身、金剛語、金剛意的簡單體認。一旦你能體認並熟習這一點，你就同時持守了一千億三昧耶戒。

　　在表面上，不淨的面向中有著二元體驗、煩惱、習性和概念執著。我們的五蘊之身看起來就是苦諦的基礎；聲音是斷斷續續、支離破碎的；心念是游移不定的，具有快樂和痛苦的特性。然而，清淨的面向中，身體是覺空之雙運，即是金剛身；聲音是聲空之雙運，即是金剛語；心念是覺空之雙運，即是金剛意。這是從無始以來事物的實相。為了能如是體認事物的實相，我們就需要祈請口訣教授。

　　根據上座部的教法，身體是三十六種不淨物質的聚合

體，是無常、不淨以及痛苦的基礎。根據菩薩乘的教法，身體是空。根據金剛乘的教法，則最終領悟身體是覺空之雙運。

按照上座部的教導，應當區分善語與惡語，捨棄不善、抉擇善法。按照菩薩乘的教導，則發現一切聲音的本質皆空而不實。按照金剛乘的教導，聲音本身，就是妙音，超越生住滅的金剛語。

而說到心，在上座部教導中，試圖通過安止的禪修平息一切粗重和微細的心理活動，進入寧靜的狀態；除此而外，也進行觀的練習。大乘教導一切粗重和微細的心理狀態本質皆是空。金剛乘的教法，則能證悟一切心靈狀態都是覺性的展現。

共通的大乘和不共金剛乘有各種修持方式。在金剛乘中，密續分為不同階段，叫做事部、行部、瑜伽部、大瑜伽、阿努瑜伽和阿底瑜伽。在阿底瑜伽大圓滿的教法又可以分為心部、界部和竅訣部。在竅訣部中，把見地稱為原始清淨，禪修的訓練稱為任運自現。我將試著解釋如何理解原始清淨的見地，以及如何將之運用於簡單的禪修中。

禪修的訓練

　　當我們接受禪修教授時，是以導引、修持諫言的方式去進行的。首先，關於如何禪坐，「毗盧遮那佛七支坐法」是最殊勝的姿勢，總括了禪修練習的七個要素。先是雙腿盤坐，接著保持脊柱正知，微微曲頸；手結平等印或者讓大拇指碰觸到無名指的根部，將雙手放在大腿上；手臂伸直，將視線順著鼻尖，望向面前的虛空；肩膀平展，如同老鷹的翅膀；舌尖輕抵上顎。保持正確姿勢的目的是因為當身體正直，微細的脈就正直，氣就能自在流動，幫助心自然平靜。如果你不能保持毗盧遮那七支坐法的身姿，就採用「自在坐」，將手掌放在膝蓋上，或持平等印放在大腿上，散盤而坐。禪坐的方式有許多種，但「毗盧遮那七支坐法」是最殊勝的。

　　應該怎麼目視呢？有人說閉眼禪修好一些，有人說睜眼禪修好一些。閉眼有好處也有壞處，眼睛閉上做任何禪修時，都會自然感覺更加昏沈和困倦。如果你能抵擋這種昏沈，那麼閉眼而坐沒有任何壞處。人們在安止的禪修中閉上

眼睛，是為了關閉對於通常所見的視覺感受。當這種感知被阻斷後，對所見的執著傾向就沒有了，這樣心就更容易簡單安住於平靜之中，處於和平的安止狀態。然而禪修的意思是「熟習」，我們要去熟習長養的不是睡眠！在止禪中，如果禪修練習是平靜，不是睡眠，那麼閉上眼睛是可以的。現在你了解閉眼禪修的好處和壞處了。

說到眼睛睜開，大手印體系說：「視線順著鼻尖方向。」尤其在大圓滿中教法說：「不要閉上眼睛，那是智慧展現的大門。」保持眼睛睜開。禪坐時睜開眼睛也有一些負面之處。由於看見各種樣貌和形狀，你就可能會想著它們，對它們產生好惡、牽涉其中，這是睜眼打坐的弊端。視覺的功能是看，假如你閉上眼睛，暫時避免看見和想到出現在面前的事物，然而遲早都需要再次睜開眼睛。因此，重點是睜開眼睛但不去執著看見的東西。

通過調整視線，可以對治昏沈和掉舉的過失。「昏沈」指的是感到倦怠，「掉舉」指的是散亂。當你發現自己變得有點昏沈倦怠，讓目視向上；此外昏沈的時候，也可以去到寬敞開放、視野開闊的地方，將空間和覺知融於一體。對於

初學者來說還有其他技巧可以與之抗爭：當你昏沈時，脫掉外衣，打開門窗，把水灑在自己的頭部、脖子和臉上；相反的，當你感到攪擾不安、念頭此起彼伏時，將目視順著鼻尖方向調低四十五度，這個方法能令你安靜下來，令思維活動平息。

阿底瑜伽的口訣教授往往被稱為「離戲瑜伽」，主要和原始清淨見相關，「見」是本自俱足的覺性、平常心。阿底瑜伽的禪修就只是維持這個見地而已，行持是永不和見地分離，果位是令此見地不間斷的延續。阿底瑜伽並不強調控制氣、脈和明點。密續的其他各部，比如阿努瑜伽，強調控制不同部位之氣、脈、明點的必要性，尤其是氣。比如，教法說到通過持氣於臍下，就能獲得專一；當妄念和氣的驛動被控制在心間，就能證悟離戲；當被控制住喉輪，就能證得一味；當被控制在頂輪，最後的妄念驛動，由於心氣合一的準則，也隨之完全消融，行者就到達「無修的法身寶座」。

回到阿底瑜伽的直接指引：舌尖輕抵上顎、唇齒微微分開，讓呼吸自由的出入，不做任何事來改變它。這麼做有助於讓覺知保持在其本然狀態，幫助行者本覺的開發。這三個

要點：坐姿、目視和呼吸，非常簡單，也很容易理解和練習，但請不要低估其重要性。記住這些重點。

維持本覺的重要前行

在你進入維持覺知本面的正行之前，還有一個重要的前提、前行：以無常、虔敬心、慈悲心的觀照，以及菩提心的長養來激勵自己。在禪座中根據特定的教法，可能有一定的觀想和念誦。最後，正行的禪修應當遠離任何參考點。

你還需要了解至關緊要的一點：赤裸的覺知狀態不依賴具格的上師是不能證悟的。因此，根本上師和傳承上師們就極端重要了。光是通過學習和思維教法，是無法證悟本然狀態的。大手印和大圓滿教法都強調慈悲心和虔敬心的重要性。當我們的心中充滿著對根本上師和傳承上師們的虔敬心，或者當我們心中充滿了對一切有情的離概念的慈悲心，直到眼中蓄滿了淚水，這時體認心的赤裸狀態就很容易了。在此時應當祈請：「願過去、現在、未來三時一切諸佛之證悟，能於此刻在我的心續無二無別的現起。」

加持的發生主要依賴於我們自身以及自己的開放程度，

最終還是歸結爲虔敬心。光是歷數念誦過的所有經典、所積
累的大量咒語遍數、在禪座墊上所花費的時間還不夠，這種
靈性的虛僞沒法確保證悟的發生。

我們應該發自內心的祈請，生起深切的願望：「願我的
根本上師和所有傳承證悟上師們的加持降臨於我身。願三時
一切諸佛之證悟，就在這一座上，一般無二的、赤裸裸的降
臨於我。」帶著全然的信任和臣服，如此這般猛烈的祈請。
祈請之後，完全放下一切，遠離過去、現在、未來的念頭而
安住。這是一般的方法。

將上師融入自身後，觀想自心師心無二無別，然後維持
遠離對明或空的執著的內在大樂。「大樂」在此指的是一種
不變的功德特質。這種狀態也稱爲「具足一切殊勝與不變大
樂不二的空性」。

不執取無造作

當你切實安住於覺知時，應當避免對所見、所聞、嗅
覺、味覺、觸覺對象的固著。雖然五官是完全敞開的，覺知
不應該有指向性。換句話說，不去執著於所感知的是「這

個」或是「那個」，也不給事物貼上標籤，就是「沒有參考點」或者「無焦點的覺知」。因為本自俱足的覺性本身是不受阻擋、無法障蓋的，完全離開二元和二元執著。當保持沒有執著的狀態時，所有的二元觀念都不復存在。偉大的祖師龍欽巴說道：

> 莫辨莫辨莫辨析汝心！
> 莫取莫取莫執取自心！
> 無整無整整則心造作，
> 造作之心障蓋汝本性。

這就是「不執取」的含義。試著去真實體悟龍欽巴說的「無造作」的意思。當你將之運用於禪修，你會發現什麼是覺知之本面、心之體性。偉大的上師秋吉林巴說：

> 觀者安住於覺知，
> 中有空性活潑潑，
> 無色無物無空想，

此時即見心體性。

　　不要執著於「它是空」的念頭。有關空性的念頭是一個二元的觀念，「它不是空」也是，兩者都是先入之見。此處的要點是完全不要去執持任何事情。廣達開放的覺知，遠離一切執著，是無有障礙的，其本身就是大圓滿的見地。可惜的是，這種狀態是不可能人為模仿的。當你什麼也不想時就發生了——無悲無喜，什麼也不去擔憂，沒有任何念頭生起，有幾分不經意，漫不經心、毫無傾向性，在藏文中叫做lung ma ten，即「中性」之意。對於初學者來說，心不在焉的中性狀態可能被誤認為覺醒狀態。但這兩者是不一樣的，事實上截然不同。不了解這個差異可能會犯極大的錯誤。兩者看起來相似的原因是在兩種情況中都沒有粗重執著的念頭。然而無所謂的狀態是三毒之一，還是和昏沈息息相關。昏沈和覺醒絕對是不同的，前者是黃銅，後者才是純金。

　　另一個危險是落入含藏識或者稱阿賴耶識，實質上是不在思維的二元心識，然而帶著執著向外聚焦，是活潑的、知覺的、清醒的，雖然無念，但並非真正的覺醒狀態。除此之

外，還有另一種無念的體驗——完全恍惚、完全空白，這同樣也不是大圓滿的覺知。當然我們日常的思維方式，從一件事情跳到另一件事情，也絕對不是大圓滿的禪修。你必須清楚貨真價實的本覺狀態。

當一個念頭變動、接著消失，就讓它不留痕跡的離去。不要去臆測和計畫下一個念頭。不要評判和計度，或對任何事情有所希求和恐懼。換句話說，完全放下任何粗重或微小的念頭。思考是固著，障蔽了究竟的覺性；而當固著完全消失，剩下的就是本自俱足的覺性。

金剛乘修持的核心

我們需要去體認立斷原始清淨的見地、內在本然的平常心，赤裸裸、無障礙的本自俱足的覺性。這是金剛乘修持的核心。這就是我們需要去認出來、去練習的，它是果，是佛心本身。想想佛陀在菩提迦耶獲得圓滿證悟之後所說的第一句話：

我見實相如甘露，

寧靜甚深離造作，

光明非由因緣生。

　　那就是了。這裡有一個可以被了悟、被理解、被體認的，但它不是一個「東西」，不是思想和智識的尋常對境。在一切見修行中，這就是應該被揭示出來的赤裸狀態。在結行中，將禪座上的修行功德迴向利樂一切有情眾生。現在可以開始討論。

　　學生：「妄念即法身這句話究竟是什麼意思？」

　　仁波切：「就像我之前提到過的，妄念的本質即法身，思維本身卻並非法身，不將這兩者相混淆是很重要的。你不能說『我是不是在思考一點都不重要』。對於能在妄念生起時認出妄念本質的人來說，妄念消融，不會產生業力。對於這種類型的修行者，思考和不思考確實沒有差別。經由上師的口訣教授和自身的體驗，行者終於能夠體認到任何妄念的本質是法身。這樣的行者將不會被思維帶走，也不會捲入普

通的煩惱之中。這是修行者的殊勝功德。

「一個普通人會有粗重和微細的念頭，一個修行者也有粗重和微細的念頭。沒有念頭，就沒有修持的必要了！這兩種人的差別在於，修行者接受了直指的教授，並通過禪修訓練，覺知到妄念的本質即法身。通過這樣的證悟功德，禪修者就有機會不陷入思維，不用平常的方式追逐所思所想。一旦你認出法身，就會知道該如何將之運用到自身的體驗中。從那一刻起，是否要這樣做就完全由自己作主了。但你知道該怎麼修了，你不再有不知如何對待念頭的問題。」

學生：「無念和漠不關心之間的差別是什麼？」

仁波切：「『含藏識』的狀態是僅僅有意識或注意到，這一點本身就包含微細的執著，是一種不能覺知自身的有指向性的注意力。雖然沒有粗重的二元主體與客體，卻有一種細微的停滯感，一種耽著。它是一種相當微細的、有意識的概念狀態，具有一種常住的特質。當然，禪修訓練不應當培養這種狀態。大手印教法說：『專一的注意力不是大手印的真實狀態。』本覺，是遠離任何昏沈的。在阿賴耶識、含藏識中，自然存在某種昏沈。本覺具有明性、遠離執著，而含

藏識中的昏沈狀態伴隨著執著。」

學生：「觀想難道不是一種不可避免的概念狀態嗎？」

仁波切：「如果『你在觀想』，這裡面當然有念頭。和不淨的認知相比，清淨的認知當然是好的。然而，一旦你執著或抓取一種清淨的體驗，那就變得不清淨。相反的，當你體驗到某種不清淨，卻不去抓取，就一點問題都沒有。請試著去理解這一點。」

學生：「在本覺中有念頭產生嗎？」

仁波切：「假如在持續的覺知中產生念頭，就不是我們所討論的覺知。『念頭』的藏語是 namtog，指的是執著於二元的概念心；本覺，則與之恰好相反，是遠離概念性的念頭的。『無分別智』指的是離概念的覺性。二元心識和本覺之間是有根本差別的。心識依賴於主體和客體，但本覺不依賴於二元的觀念。當你從連續的本覺中滑脫的那一刻，念頭就可能生起。」

學生：「三三摩地的真正意義是什麼？」

仁波切：「三三摩地是真如三摩地、遍照三摩地和種子字三摩地。真如三摩地指的是不偏離覺醒之心的狀態，是諸

佛共同的證悟。遍照三摩地和種子字三摩地在第一個三摩地的根基上展現並消融。假如行者尚未嫻熟真如三摩地，那麼另兩個三摩地就將淪為概念的產物。」

學生：「本覺的禪修是什麼？」

仁波切：「對於將可能學到的東西，需要盡量的去熟習它。目前我們真正熟悉的是二元執著和無明，並不太熟悉覺醒的狀態。到現在為止，二元架構的持續看起來是如此平穩和輕鬆，幾乎不需要絲毫努力。什麼也阻止不了我們的執著傾向，事實上，在這方面概念心幾乎像是無所不能的超人！

「現在需要建立一個新的習慣。在藏文中『禪修』和『熟習』這兩個術語是一樣的，有一句和這個詞語相關、很有名的文字遊戲：『非為禪修為熟習。』這裡所說的『熟習』或『禪修』和平常的習慣不同，後者始終是一個二元舉動，心中包含著其他對象。那不是這裡所說的禪修。所有基本訓練的要點都包含在下面兩句偈頌裡：

粒子許亦無可修，

須臾片刻無散亂。

「運用這兩個要點！當你保持無散亂，你的體悟是什麼？『無散亂』在這裡指的是不與內在體性分離，在此體性中沒有可被禪修的『東西』。這樣的訓練對我們現在來說有什麼好處呢？當你安住於覺知的本來面目，當然不會有粗重的煩惱；不僅如此，即使是最細微的執著，那是情緒的根基，也不復存在。這就是稱之爲『以果爲道』的原因。

「就在這一刻，諸佛眞實而圓滿的證悟就現存於我們身上，但因爲持續的時間太短，就沒有太大幫助。如此短促的瞥見覺知，對於要能欣賞其功德特質來說太短了，就是這樣。」

學生：「『無緣大悲』是什麼意思？」

仁波切：「傳統上佛法用語所描述的慈悲有三種：以有情眾生爲所緣的大悲；以實相爲所緣的大悲，和無緣大悲。『以有情眾生爲所緣的大悲』，將有情眾生當作所緣對境來生起慈悲心；離開這個對境，將無法生起慈悲的感受。對凡夫來說，對你所愛的人比如親朋好友，比較容易感受到慈悲心；而對自己沒有多少幫助的人就不是很強烈；對敵人、那

些傷害過我們的人就更難了。當至愛的人受苦，強烈的同情心讓我們幾乎和他們一樣受折磨；看到陌生人受苦，心就很淡了，對敵人則更少。有些人，當他們的敵人受苦時，他們會歡喜雀躍，甚至開個派對來慶祝。因此對於普通人來說，將有情眾生當作所緣的慈悲心總是有偏私，有限度的。

「『以實相為所緣的大悲』是基於對諸行無常和諸法無我（我和其他一切顯相沒有真實的存在）的理解，所針對的是對於這一點尚未理解、無明的眾生。

「『無緣大悲』比較難理解，因為那是一種我們不曾熟悉的體驗，又被稱為『充滿慈悲的空性』。在這種狀態下，慈悲心是空性的自然表達。此時，證悟了空性的修行者遠離二元執著，因此他們所具備的愛與慈悲是無緣的──遠離參考點。這種類型的慈悲就不是偏私的、侷限性的，它不期求任何獎賞，也不需要任何回報。」

11 覺醒

　　本自俱足的覺性是我們鮮活的、當下的覺醒狀態，不爲三時的妄念所染污，一般的教法稱之爲「甚深空義」。在這裡「空」指的是一切顯相都缺乏眞實的存在；「義」字意味著，在空的同時，又能生起萬法，而且能被了知，因此並非一味的空。

無念的覺醒狀態

　　在梵文中，這個狀態被叫做大空法界（mahashunyata dharmadhatu，Maha 是大、shunyata 是空、dharmadhatu 是顯相廣境）。我在之前說過，「大空顯相廣境」和第四部灌頂的直指一模一樣。第四部灌頂引見了無念的覺醒狀態，是覺空雙運、樂空雙運、覺空雙運的。這個覺醒狀態遍滿輪迴和涅槃，是不可描述的體性，概念所不能及的。任何概念所不能

及的、任何找不到語言來描述的，其本質就是不可描述的，不是嗎？我接下去繼續解釋如何體認和維持這個覺醒狀態。

在大圓滿教法中，本覺的定義是本自俱足的覺醒狀態。當說到我們的本然狀態是覺知的，說的是覺性的根本，認知所發生的一切的能力。這種認知，不是由任何東西所成，因此稱「覺空」，本質是空的同時，體性是覺。

如果不用「本自俱足」這個詞，對於覺性的描述似乎就不完整。覺性不是由想法所成，不是智力的產物。任何先由概念分析、接著由智識造作的事物就不是本自俱足的，是不是？但當下的平常心是本自俱足的覺醒狀態，不依賴於主體與客體，也超越了是否為蓋障和習性所障蔽的可能性。「本自俱足」代表沒有製造者，也沒有生產者。「本覺」因此意味著不為三時妄念所毀壞的當下的平常心——覺空的雙運，內在的本自俱足的覺醒狀態。

不論你把這個本自俱足的覺知叫做什麼，首先應該用真實無虛的方式體認到它。體認是難能可貴、至關緊要的，但僅僅是體認也毋需過於驚歎，你需要能夠維持這種體認的連續性，將之運用到你自身、自己個人的體驗中。當你的心遠

離任何造作舉動的那一刻，馬上就會有一種自由自在、生機
勃勃的空而醒覺的狀態，你試著想用文字描述，卻做不到。

　　有一個故事，是關於一位修行者去見一位偉大的禪修祖
師，經年累月的從祖師那裡接受了詳盡的指導。過了一陣
子，做弟子的說：「你說的都是我已經知道的。在接受這些
教法之前，我的心也常常任運的處於空性、醒覺、自由自在
的狀態。這種情形發生過許多次，甚至在我聽到你說的任何
一個字眼之前。」這倒是真的，佛性對每一個人都無一例外
的當下現成。

　　二元執著止息的那一剎那，佛性，證悟的本質就油然而
現，當下充滿了生機。假如不是這樣，那麼從一開始就不會有
任何佛性的存在，但這不是真的。心的基本要素就是佛性，
雖然由於二元心態對如來藏的遮障，我們通常無法經歷到
它。由於二元執著而不能得遇佛性確實是一種巨大的損失。

堅固的了悟

　　因此第一個重點，在於在二元執著止息的那一瞬間體認
到證悟的本質。一旦體認到，應當對它生起斷定；你應該堅

決相信「這就是了。」不然的話就沒法將這種狀態帶入修持。如果你不能通過維持其連續性而將之帶入修行體驗中，就無法在道地上獲得進展。

你需要持續保任本覺的見地，並非只是在禪修訓練時，在日常生活中也需要去維持，用見地來擁抱一切言行舉止。如果在離開禪修墊的那一刻起就失去了本覺的持續性，那就沒有多少時間用於練習了，不是嗎？既然坐在禪修墊上的修行只在我們的生活中佔據很小一部分，那麼在日常活動中維持本覺就很重要了。

赤裸真實的本覺狀態不是靠教理的推斷和分析而達到的。從聞思所得的知識是概念性的，智識的假設永遠無法完全清除微細的疑惑，你就不能真的確定。然而從禪修練習中所獲得的知識則是直接的體驗，完全遠離疑惑和假設。你應當去體認——那種開放、醒覺、自由自在的時刻。

同樣的，連續不斷地維持本覺的方法也不是靠聆聽教法、學習和思維就能領會的。這依賴禪修練習，從你的親身體驗中生起，唯有如此才可能完全遠離疑惑。

隨著見地之連續性的維持，修持中的信心和確定變得更

加強大。慈悲心和虔敬心任運的開展，並能自動發起精進。這種自發的精進源於對本覺有能力應付任何情境的了解，這就是爲什麼它被稱爲「單一充分之王」。當我們眞的認知到這一點，就不可能不想去應用對本覺的體認，對這種修持的意樂和熱情就會自然成長。

通過精進的修持，你將到達某種境界，對於自己的修持完全不再有猶豫和恐懼。即使有一千尊佛出現，試圖挑起你心中的疑慮，你也完全充滿自信。我們一定要想辦法達到這樣堅固的了悟！

正念和正知的修持

現在來說說如何修持。對於初學者來說，正念和正知極其重要。就像我已經反覆解釋過的，正念是所有概念心中最棒的一種。正念是概念性的、刻意的，也帶著微細的執著，但對於初學者是不可或缺的，正念和正知對於維持本覺的本來面目極其關鍵。一開始，如果放手太多，變得過於放鬆，本覺的狀態就會變得模糊不清、軟弱無力。因此保持某種程度的敏銳和伺察很有必要。應當先提起正念、醒覺和正知，

再放下。首先提醒自己「我需要保持正念」，然後馬上回到覺空的狀態。

在大手印傳統中，以一種在臍下持氣的技巧來幫助提升正念。正念的持守是和掌控一部分呼吸相呼應的。當我住在隆德寺的時候，曾經從關房上師迪雅竹奔仁波切（Dil-yag Drubpön Rinpoche）那裡接受禪修指導。他從來不帶錶，但任何時候你問他時間，他稍微安住一分鐘，就能告訴你精準的時間。這個能力來自於他對氣息之流的掌控。

從一方面來看，這種不用錶就能知道時間的能力很特殊不凡，但究竟來講又怎麼樣呢？戴上手錶豈不是更省事！但迪雅竹奔仁波切還有更驚人之舉。他時不時的會拿自己的尿壺當保溫瓶，將尿液倒到茶杯裡喝下。有時候有人會注意到這件事並告訴他：「等一下！你在從尿壺裡倒茶哩。」他會回答：「噢，是嗎？味道差不多啊。」真的，他完全沒有感覺難堪或羞愧。他具有幾乎毫無阻滯的神通力，當他圓寂的時候也出現了許多不可思議的瑞兆。

很久之前，在隆德寺，第十六世噶瑪巴給予蔣貢康楚《知識寶藏》中《心要口訣藏》的傳法，頂果欽哲法王

當時也在，還有上一世的桑吉年巴仁波切（Sangye Nyenpa Rinpoche），以及其他許多轉世祖古們。當時的戒律相當嚴格，大家排坐成行，穿上最隆重的法衣和織錦背心什麼的。只有關房上師迪雅竹奔仁波切不需要遵守戒律，法王噶瑪巴給予他特殊的開許。他不需要特意遵從任何規定，可以隨心所欲。有時候他不穿法衣和袈裟就來了，而且姍姍來遲，手中還拿著保溫瓶和糌粑。他會一個人走進來，從不羞澀。偶爾的時候，噶瑪巴會要求他：「站起來跳個舞。」然後就在好幾百人的大法會上，眾目睽睽之下，他翩翩起舞，僧裙在空中飛揚。他真的是不可思議！

　　一個能夠嫻熟維持連續的本覺的修行者，不需要依賴刻板的正念。對真正體認到本覺狀態的行者來說，對此反覆的訓練，令其穩固，不管什麼樣的念頭生起，這個念頭本身就成為本覺。假如不是這樣，那麼即生成佛的說法就會變成一種誇大之詞，這一生就太短了。

真正的修行者

　　在這裡「修行者」指的是真正體認到本覺（覺醒的狀

態），並以此為修持的行者。有時候看起來不同尋常的強烈煩惱和粗重的妄念從修行者的心中湧出，他或她可能認為這種情況糟透了，但其實並非如此。事實上，強烈的情緒可能非常有益。假如你真的確定什麼是乾淨，骯髒的東西出現時就會非常醒目，你不會被它所矇騙。如果你真的見過白色，見到黑色時你馬上就能認出差別。真正的修行者不同於未曾體認內在覺性的凡夫。凡夫對本覺沒有體驗，因而，任何時候只要有念頭和情緒的變動，這個人馬上就會被它們抓住、被它們帶走。相反地，已經被引見當下的本覺、並且對之有某種程度的熟習的修行者不會被帶走。他會利用這個機會做比較，區分厚重的情緒和本覺的差別。因此，情緒對他就不會有對普通人那樣的影響力。

此時這個修行者該做些什麼呢？由於這種對比，情緒看似更加厚重和尖銳；然而並沒有，它和平常的任何情緒一模一樣，行者毋需對此情緒做任何事情，比方說將它丟掉。他就只是讓情緒走過，不去接納也不拒絕，同時維持之前所體認到的本覺狀態。通過這樣的修持，煩惱的力量自動消退。

還有另外一點：當行者做三摩地的禪修時，會生起暫時

的覺受。我之前簡短的講過，那是樂、明和無念。比如說，樂的覺受是身體感到不可思議的大樂，心則全然自在。如果你對此產生迷戀，心想：「嘿，我喜歡這種感覺。這感覺太爽了。我要一直有這樣的感受！」這就是一個嚴重的錯誤。有時候你會體驗到明，甚至伴隨著某種神通。你會覺得自己非常清楚，至少是知道一部分別人的心念和別處發生的事情，並由此自我感覺良好，想著：「現在我真的是一個高妙的行者了，也許已經是個大成就者了——甚至已經證悟了！」如果你開始迷戀明的覺受，也會變成一種過失。無念的覺受同樣如此。如果你執著以上任何一種情況都是一種缺陷。重點是不要被它們所帶走。

　　真實無虛的禪修訓練不是開玩笑的，也不是騙騙人的，而是真實的。禪修了就會有進步，覺受和證悟真的會發生。當我們心中生起覺受時，有可能覺得它們卓越不凡、獨一無二，也覺得自己獲得了某種力量。但請了解這樣的迷戀，以及認為自己不同凡響的念頭，能轉變成極其嚴重的障礙。如果你見到了某種境相，或產生了清淨的體驗，哪怕是短暫的覺受和力量，都別認為你與眾不同。

祛除禪修敵人的技巧

現在我們來說說祛除禪修之敵人和維持本覺狀態的一些技巧。禪修的敵人就是「昏沈」和「掉舉」。昏沈是感覺暗鈍和昏昏欲睡。當它發生時，當你缺乏本覺的敏銳和光明，就在心間觀想一個光球，或者字母阿（AH）。想像它經由你的頭頂射向天空，並在半空中盤旋。不要屏息，呼氣。呼氣之後，將注意力放在你頭頂虛空中的光球上，或者字母阿（AH）上。這個方法能讓你的心變得明亮，提升清明。

另一方面，假如你太焦慮不安，就應當完全放鬆身體的姿勢以及內在的心念。降低視線，想像鼻尖有一個光球，這個方法可以令攪動的狀態平息。對於禪修者來說，主要的兩個障礙就是昏沈和掉舉，要確定自己不會成為它們的獵物。只要我們不被昏沈和掉舉所壓倒，禪修就會有進步。

還有一個大圓滿的技巧。尋找山中的一片高地，在雲彩之上，有著廣大開闊的視野，如水晶一般清澈的空氣。那應該是沒有強盜、土匪和兇猛野生動物的安全天堂。如果你一個人不敢去這種地方，帶上一個和你想法差不多的朋友。別

和持不同意見者同行，因爲他們會佔據你的時間，辯論這個辯論那個。和一個也是修行者的朋友一起去，你的禪修就會有所提升。這大概就是旅遊者們來尼泊爾徒步旅行的原因。徒步旅行者常來跟我說：「我們想要去那些眞正明朗無雲的地方，天空一片湛藍，風景絕佳。」即使普通旅行者的心也能因爲這樣的一個地方而受益。

　　因此在這個視野廣闊的高地，背對著太陽坐下。不要把面部對著陽光，以免傷到眼睛，這一點很重要。眺望明朗的藍天，按照之前解釋過的姿勢放鬆地坐著，讓呼吸自由的出入，不去控制它，張開眼睛直視前方。在不可言喻的內在覺性中平等安住，不爲三時的妄念所毀壞。外在的環境和內在的心靈狀態有著某種吉祥的連結，廣大、明朗、開放的視野支持著內在明亮、敏銳，完全遠離執著的心靈狀態。這是一種殊勝的大圓滿修持方法，叫做「三虛空的禪修」。

　　根據這個練習方法，外在的虛空寬敞開放，毫無阻滯；內在的本覺虛空也是寬敞開放，毫無阻滯，安住於這二者的無二無別之中。面對著寬敞開放、毫無阻滯的廣大虛空，將使得覺知的狀態更加明亮和敏銳，消除哪怕是最細微的執

著。外在的虛空就是通過這種方式展現出仁慈和恩惠。大家有問題嗎？

　　學生：「當我們將覺知融入虛空時，應當做些什麼？」

　　仁波切：「當你坐在高敞、廣大，無雲之處，天空開放廣闊，無法明確指認虛空的中央或邊緣，是廣大無礙的。同樣的，我們的內在覺知也是遠離中邊，無法明確指認的。安住於此即是無二無別。這並不是說我們要將覺知向外延展，放到虛空裡面；虛空也不需要進到我們裡面。並非如此，它僅僅是二者的交融。

　　「首先，我們得說虛空是存在的，虛空就在那裡。它是什麼樣的？它沒有中，沒有邊，沒有終點。類似的，如果你問：『有一種事物叫做本覺嗎？』我們必須回答：『是的，本覺就在那裡。』如同虛空一般，本覺沒有中，沒有邊，沒有終點和限量。從這個角度來說，兩者十分相近。」

　　學生：「大手印修行者的平常心，和大圓滿修行者的本覺具有相同的體驗和功德特質嗎？」

　　仁波切：「首先，平常心和本覺是一模一樣的，兩者沒

有差別。在大圓滿體系中，本覺從一開始就馬上被直指出來。被指出的是什麼呢？如果你想比較這兩種體系，它是大手印四瑜伽的第四部瑜伽（無修的本質），在大圓滿體系中一開始就被直指出來了。在大手印體系中，圍繞著平常心，其本質是逐漸層層脫落的。當行者通過四瑜伽十二個階段的層層深入，越來越多的層次剝落，直到最後除了平常心、本覺，什麼也不剩。大圓滿是直截了當和立在當下的，因此它對於和大圓滿修持有業力連結的人來說格外的有益。大手印體系層層遞進的修持更適合沒有如此連結的人。大手印體系更加詳盡，其進展十分精準，一步一步的，而大圓滿體系則更加直接。簡而言之，最大的利益來自於同時修持這兩種體系。」

　　學生：「在究竟的層面這兩種體系有所差異嗎？」

　　仁波切：「除了修持之道，從究竟來講二者並無差別。在大手印這方面，你需要了解專一、離戲、一味和無修的教法，以及每一部所包含的四個層面。比如說，專一瑜伽又包含專一的專一、專一的離戲、專一的一味和專一的無修特質，這些是它的不同階段。另一方面是從大圓滿的角度來理

解，在我們的親身體驗中，究竟何為本自俱足的覺性？在禪修的時候，任何形式的分析和檢視當然都不對，但禪修之後可以做一些回顧和評估，通過自己的體驗來斟酌一下教法，這會是很有益處的。

「依照大圓滿教法真實證悟了本覺的行者會發現，一步一步的依照大手印漸進式的教法展開修持是完全合情合理的，清晰了解每一個步驟極其有意義。與此同時，已經證入無修的行者也能充分理解大圓滿教法是如何讓人在一步之間、一躍而過到達無修的狀態。

「大圓滿的趣入方式，從一開始就分辨清楚帶著概念和煩惱的、二元不淨的心識狀態，以及遠離概念和煩惱的法身，本覺。因而從一開始就指示行者什麼是真實無虛的，什麼不是。在大手印體系中，從一開始就著重於心的力量、心的能力，通過運用心的能力，隨著行者修持的深入，執著變得越來越細微，在不斷的進展中，執著漸漸消失，最後只剩下本覺。這兩種方式就像是口訣教授的兩種風味，但最終的目的地一模一樣。」

學生：「對於尚未獲得穩固覺知的弟子，需要運用哪些

方法？」

　　仁波切：「所需要的方法就像我之前說過的：正念覺察的心。是否能運用這個方法完全取決於師徒間的默契。上師展示了平常心當下的狀態，遠離三時之妄念的覺性（開放、醒覺、自由自在），這個就是本覺。當你通過自己的親身體驗得到體認，並由自己的上師驗證和認可說：『是的，這就是了！』那麼這個就是接下來應該保任的。

　　「行者應當在禪修中維持本覺的連續性，但這當然是不會自動發生的。因為我們已經如此熟悉不讓本覺持續的狀態，短暫的本覺狀態一退失，馬上就開始想別的。忘了本覺之後，怎麼才能回去呢？你需要一個念頭：『我應當維持本覺！』一旦這個提醒將你帶回去，你就要放下它，以及有關過去、現在、未來的所有念頭。回到本覺之後，你就不再有『我應當維持本覺！』的念頭。如果你認為禪修的核心練習必須要保持正念的念頭，就不對了，你需要得到進一步的指導。」

　　學生：「除非我們能完全理解虔敬心，不然不就是盲信嗎？」

仁波切：「如果你能夠知道一件事情的眞正理由，能夠領會其眞實無虛的功德特質，如此的體會就不是盲信；事實上，那是睜大著眼睛的信念。然而，在眞正洞悉心之本性前，眞實無虛、毫無動搖的虔敬心是不會發生的。在此之前所體驗到的信任和虔敬心是反覆無常、容易變壞的。如果一件事情對你來說發自內心的深具意義，能夠通過智識和親身體驗確立其正當性，那麼你對它的體悟就擁有經久不變的力量。但如果你自己也不確定這件事，有人把它告訴你，然而你並非眞正了解，你對它的信賴就不是那麼穩固。當你學習諸行無常、空性和苦諦時，也許會覺得：『這是眞的！確實如此！』這種感受是基於信任。當你聽聞空性和相依緣起，覺得它眞的太有道理，以至於眼中泛起淚花，這是信任的加深。

　　「信任有許多種。一開始，聽到事情的眞相，對實相生起某種慕道之心，這叫做『清淨信』（明顯來自於讚賞的信任）。接下來，就是『意樂信』（渴望希求的信任），第三種信任是當我們對於事物的體性切實獲得某種洞見，這就是『勝解信』或『不退轉信』（不可逆轉的或不可動搖的信

任）。」

　　學生：「還有哪些時候我們可以體認到本覺？」

　　仁波切：「當眞實無虛的慈悲心或者對空性的赤裸洞見生起的時刻。這就是爲什麼必須去學習『相對菩提心』和『勝義菩提心』。相對菩提心是由概念所激發的，是一個清淨美妙的概念，然而仍然是概念。」

　　學生：「還有其他對治昏沈的方法嗎？」

　　仁波切：「昏沈一般發生在坐著時，掉舉一般發生在走路時，一般來說是這樣。當然走來走去的時候，或者做事情的時候也可能感到非常昏沈暗鈍。這時候可以運用之前所提到的兩種技巧 —— 觀想頭頂上有一個小小的光球或者字母阿（AH），或者去視野開闊之處。」

　　學生：「如果你是在工作呢？」

　　仁波切：「走到窗前，打開窗戶向外望。」

　　學生：「當掉舉生起時，可不可以通過把自己的身體折騰得精疲力盡來對治？」

　　仁波切：「在大圓滿傳統中，確實有一個技巧，把自己累到精疲力盡，然後嘗試體認本覺。」

學生：「這時我可以躺到床上去嗎？」

仁波切：「只要你不失覺察之心或睡著了。」

學生：「假如我不確定是否體認到本覺，怎麼來維持它呢？」

仁波切：「假如你從一開始就不知道本覺是什麼，那當然談不上保任它了。因此就需要祈請一位具格的禪修上師給予你直指心性的教導。就好像你去購物，若是不知道自己想要什麼，你能買些什麼呢？」

學生：「對一位本自俱足的覺性的修行者，當他能夠穩固的維持本自俱足的覺性，臨命終時會發生什麼事呢？」

仁波切：「最好的修行者在面臨死亡之前就已經解脫了。稍微差一點的，已經真實體認到本然覺知狀態、並修持到一定程度的行者，會在臨死之際、呼出最後一口氣時獲得解脫。一旦你呼出最後一口氣，就不再處於死亡的過程之中，而是已經真的死亡了，法性中有就開始了。第二種最好的選擇就是在臨命終際獲得解脫。第三個好機會就是在法性中有或投生中有時獲得解脫。

「一個普通人若發現自己快要死了，一般都笑不起來，

這時候壓倒一切的情緒是恐懼和不確定感，一點也沒有真正的信心。隨著和身體——本來錨定的安穩處的連結越來越弱，心裡的混亂就愈演愈烈。然而，一位已經被引見了本覺的修行者，會知道此時能簡單安住於本然狀態的巨大價值，那個時候沒有任何其他事情能夠給予幫助，沒有人能來救你，沒人能真的將你帶離那樣的感受，在臨死的那一刻一切都全在自己手中。在那時候因為迷惑和焦慮都強大得多，修持也會變得困難重重；但假如你有辦法在那個時候修持，解脫也容易得多。教法上說一位已經相當穩固的修行者在臨死之際能夠維持修持，因而快速解脫。又或者，你已經在睡夢中反覆體認過本覺的自然狀態，死亡時獲得解脫就更容易了，中陰期間也是如此。」

學生：「那麼我們修行的力量、已經養成的禪修習慣會發生什麼事？在死亡的那一刻會完全中斷和消失嗎？」

仁波切：「絕對不會！我們所做的任何善業都是有效的，會延續到下輩子。這一點現在就能看出來。我們都對這種體悟和修持感興趣，這個事實本身，就是宿世和這個教法有連結的清晰證明。在過去生中，我們可能學習過，或者學

習和思考過，又或者學習、思考並且實修過這些法教，要不然就不會對這些教法有半點興趣，也不會想要實修。禪修的力量也是如此，維持本覺狀態的能力，不會在死亡的時刻莫名的被切斷或丟失。它會延續，雖然在來生可能變弱或被障蔽，有一種說法叫『隔陰之迷』（胎生的遮障），會削弱出生後的能力，使得它不如前世清晰。」

學生：「體認不二覺性，和金剛乘的一般修持，例如觀想和念誦有什麼聯繫？」

仁波切：「像之前所討論過的，一共有二種資糧：具參考點的『福德資糧』和無焦點的『智慧資糧』。一般的修持，比如本尊觀想和咒語念誦、密續儀軌的表演等等，都是用清淨的念頭祛除不淨念頭的練習。換句話說，祛除不好的，建立好的。另一方面，體認本然覺性的禪修是遠離參照點的智慧資糧的積聚。

「生起次第是佛的二妙身 —— 報身和化身顯現的原因；圓滿次第無概念的本然覺性，這裡所說的覺醒的心的赤裸狀態，是成就法身的種子。總而言之，如果我們可以這樣修持將會很棒：根基是二諦，道路是二資糧，果位是佛的二妙身。」

12 涅槃寂靜

這個世界上的一切都是無常的。一切有情的生命都會凋謝，不會持久。快樂和痛苦也是轉瞬即逝，都會過去。此刻我們已經獲得了難得的珍貴人身，遇見了難遇的具格上師，接受了難值的稀有法教。以現在的狀況來看，已經具備修持佛法並獲得證悟的能力。千萬別讓這個機會溜走！痛下決心：「我將精進致力於聞思修！」真的，我們不知道自己會在這個世界停留多久，下次再來時，也無法保證可以重得人身並擁有同樣的機會。因此，應該以強烈的決心將這些法教付諸於真實無虛的實修。

以果為道

金剛乘以果為道。你應當了解金剛乘之道的核心要點是內在的覺性，並且決定：「為了證悟內在的覺性，我將聽

聞、思維，和實修這些法教，並能面見原始怙主普賢王如來！」

之前我提到需要去追隨的四種上師。第一種是我們需要去連結的人身傳承上師。第二種是聖者經教上師，應當去學習、思維和領會。第三種是經驗表徵上師，這個世界的萬事萬物都易逝易壞，任何地方都找不到完全可靠和值得信賴的存在。經驗的上師每一天、每一小時、每一分鐘都在為我們說法，不管是多麼令人愉悅的經歷，都無法經久不衰。輪迴的情境從不持久，因此當你試圖依賴倏忽而逝的外境，往往會有一種本能的不安，這是我們一再得到的教訓。從這個角度來看，輪迴存有的無常本質是我們的上師。

遇見並追隨以上三種上師的唯一和終極目的，就是為了能夠面對面的看見第四種上師——究竟體性上師。我現在再說一下如何去做。

技巧之一是在你感到全然自由和寬敞開放的狀態中安住。別去專注覺的特質抑或空的特質，就讓你的注意力安處於心覺空不二、廣大開放的狀態中，不要太專注於一邊或另一邊，也不需要刻意聯結覺和空。反之，把覺知剝落到赤裸

的狀態——遠離一切執著的寬敞醒覺，不執取任何一物。在這樣的狀態中，覺和空自然不可分離，任何本初的存在都被顯露出來，當下現成。

當你一開始試著將維持連續的覺知作為正行，它不會持續的發生。你會去想你能想到的一切事情，在這種時候，直接看著起念頭的心，念頭由此就自解脫。就像海浪從大海中生起，又重新融入大海。

你可以說海浪和海水是一回事，但也可以認為那是兩回事。海浪的功能和海水本身不一樣。海浪雖然來自海水，其形狀和動能是不同的。但它們又是同一的，沒有海水，浪花根本無法展現。同樣的，你不可以說本覺的狀態和念頭是一回事，但你也不能說完全不同。當你還沒有百分之百的穩固於本覺，就會不可避免的滑入思維活動，這是免不了的。思維的涉入本身就偏離了本覺。當我們的注意力被念頭抓住，就是一個凡夫。修行者需要留意：「嘿，等一下。我正坐在這兒起妄念呢！」接下來，就像允許海浪重新融入大海一般，行者應該讓念頭的浪花重新融入本覺，這就叫做「解脫入法身。」當你讓它就這樣發生，這是進入真正的修

持的徵兆。

　　大手印或大圓滿的真實修行者，要能區分真實無誤的本覺狀態和涉入粗重或微細念頭的體驗。如來藏教導中最主要的一點是去體認使得我們能夠超越三界輪迴的見地。二元的心識可以感受到樂、明、無念，但假如你抓取這種覺受或禪修的心境，將它作為修持，就無法超越三界輪迴。相反的，你會在欲界、色界和無色界中迷失。這些輪迴中的上界實際上是由禪定而產生，並非解脫的真實狀態。

　　我們需要知道踏出三界輪迴陷阱的方法。光靠「禪修」是無法超越輪迴存有的。有情眾生有某些特定的執著，就創造了輪迴存有中相應的存在方式。當我們的煩惱執著很粗重堅固，就會落入欲界有形的身體。假如執著不是那麼堅固，煩惱也不是那麼熾盛，就會擁有色界由光而成的身體。最最微細的二元心識狀態會創造無色界的四個層次。因此，體認本然狀態為至要，那將令我們從六道輪迴中徹底解脫。這個本然狀態在大圓滿教法中稱為「本覺」，在大手印教法中稱為「平常心」。

　　本覺是果乘之道。本覺、不二覺性，是無明（marigpa

，ma 是「不」、rigpa 是「知道」，marigpa 通常翻譯為「無明」）、無知無覺的反面。這種無知或無覺是輪迴存有持續的直接原因。為了超越輪迴存有，需要的是無知的反面，就是本覺。

無知、無覺，是愚癡、昏沈和煩惱的根基，將你和三時、和輪迴存有的妄念相連結。與此相反的，本覺是遠離三時妄念的法身，不為三時的妄念所壞，是本初的覺性。

在本覺的狀態中，沒有迷惑或解脫、善良或邪惡的特性。當你體認到本覺並維持其連續性，就不存在任何迷惑的根基，在這種狀態中，疑惑是不可能生起的。我們已經界定了無明不覺正好與本覺相反，由無明產生二元執著，成為煩惱的基礎，然後導致正面和負面的業行。

噶舉和寧瑪傳承的許多修行者沒有學習多少經典和教理，然而都接受過對於本覺的直指教授，並將之運用於禪修。通過禪修訓練，他們發展出能夠充分辨明一切現象的妙觀察智，也叫做「禪定所生任運迸發之智」。這是一種敏銳的智力，行者可以在一瞬間了解任何想要知道的事情，甚至毋需學習。通過本覺的修持，令人驚歎的功德特質得以展

現。

不依賴內在智慧的生起，僅僅依賴書本學習所獲得的理解以及智力思考永遠是不夠的。即使一個人已經學習了七十年，他還是可能在講法的時候弄錯詞句的意思。但我們常聽到的描述，像是「如海滿溢的智慧」、「智慧力量的迸發」，這些從哪裡來？只能從一個地方：見地的證悟。這就是為什麼有一些人，即使只有十五、六歲，卻能展示出無與倫比的智慧和知識；相反的，另外一些人，即使學習到八、九十歲，卻不見得能釐清教法的重點。

一旦真正體認到見地──本覺的狀態，並做修持，就能證悟一切事物無論清淨或者不淨，都無一例外的是本覺的表現方式。通過這樣的體認，就能正確無誤的輕易理解萬事萬物。

在你維持本覺之真實見地的那個時刻，不會有任何的二元執著，因為沒有不覺的存在。因此，就沒有粗重和細微的念頭，也沒有煩惱，在那個時刻，便超越了三界輪迴的陷阱。在那短短的一瞬間，你和諸佛的證悟不可分離。不過，佛陀俱足的兩種智慧：如所有智（如是見到實相的智慧）和

盡所有智（遍知一切萬法的智慧），尚未被完全開發。短短
一瞬間的覺醒狀態不足以完全發掘出這兩種智慧特質。但是
在那一瞬間，連一根髮梢般的無明、我執、執實和煩惱都沒
有，其本質就是證悟的狀態，即中觀、大手印和大圓滿。
許多祖師大德們曾說過：「佛果不由勤修得，全然放下住無
勤。」描述的就是這個見地。

　　以果為道的修行方式，就是見地——本覺的修持，不在
乎遭遇五毒煩惱或粗重或微細的念頭。不管你執取的是正面
的想法例如虔敬心和慈悲心，還是由五毒而生的負面想法，
都應該將維持真實的本自俱足的覺性作為修持。這個本自俱
足的覺性不應該是我們自己杜撰的版本，真實的覺性遠離任
何人為的造作，人為造作的嘗試遮蔽了實相。當你不再人為
創造，任運自現的體性將會展現。

遠離人為造作

　　這裡所說的人為造作是什麼意思？那究竟是什麼不重要
（那甚至可能是我們通過學習佛法理論而造作出來的空性觀
念）。也許你讀了許多書，做了許多思考，它就變成：「一

切皆空！事物沒有真實自性，不是獨立實體。然而同時，心的本質是覺。這兩者沒有不同，它們不可分割。它一定就是這樣的！」這整套想法是一種智識造作，還是人為的。

因為我們有五官，就可以認知五塵（五官感知的對象）。意根也能夠覺察心理活動的對象、回憶和幻想。這六者合在一起就叫做六識，當六識寬敞開放，我們就能認知。比如說，眼睛看到色相，如果是美麗的色相，心中就自動覺得：「多美呀！我喜歡它。」如果是醜陋的色相，又會覺得：「多醜呀！我不喜歡它！」如果是介於兩者之間，就不會太在乎，覺得無所謂。這三種態度還沒有完全發展為三毒，但它們是煩惱體現的基礎。

如果有人給你一件美麗的東西，因為受它吸引，你會感到快樂。如果有人給你的是一袋垃圾，因為你厭憎它，就會感到不快。如果給你一塊石頭，不美也不醜，你會想：「這是做什麼呢？」既不會太生氣也不會太歡喜，有點漫不經心，最終會導致昏沈。以上是心持續運作的方式。我們應當檢視自己並且看到：雖然煩惱並不一定以粗重的方式栩栩如生的展現，煩惱種子一直都微妙存在，而且一向是準備好在

剎那間再次生起。

　　我執也有兩個層次：粗重和細微。粗重的我執比較明顯。當有人對你說：「你很爛！」你會生氣；而有人對你說：「你很棒！」這會令你高興。細微的我執幾乎持續存在，並會不時跳出來。保持一種個人身分認同，將自己和他人區分開來：「就只是我，我自己。」這就是細微的我執。若細微的我執通過憤怒或傲慢得以加強，甚至能改別身體的外形。隨著我執變得越來越強烈，身體也會變得越來越僵硬和固化。而在禪修時，隨著放鬆僵化的我執，身體也隨之放鬆，感到更加平靜自在，那時就會擁有一些清晰和明亮。另一方面，這種輕鬆感也可以通過喝酒或服用藥物，比如鎮靜劑而產生，你也會覺得平靜安定，我執也會軟化，變得更溫柔，但卻缺乏清晰和明亮。相反的，你感到昏沈和笨拙。

　　我執越剛強，我們就越不開心，越不安適。隨著我執的不斷釋放和放鬆，就會感到越來越快樂和安適。和親近的朋友在一起時，大多數人會向後靠、放輕鬆，沒有顧忌的交流，感覺很自在。假如席間有人說了句讓人生氣的話，我們突然就會變得緊繃，僵直地坐著。當你在一群人中間，忽然

感到緊繃時，身體也會做出相應的緊繃反應，這是因為那時候我執更尖銳的原因。

其實，一個西方人和一群西方人相處會更加不安，一個亞洲人和一群亞洲人相處會更加不安。為什麼呢？西方人更了解西方人，因此他們不想要別人知道自己的教育狀況、感受和背景。當西方人和亞洲人混在一起，他不會太害羞，也不會太驕傲。他會更關注亞洲人的習慣——亞洲人的感受是什麼，他們怎麼生活、怎麼交流。西方人幾乎相信亞洲人是從另一個星球來的！同樣的，亞洲人看到西方人的生活方式也差不多是同樣的反應。他們覺得西方人太有趣了，有許多好玩的機器，簡直是生活在天界。

從邏輯上說，當西方人看見西方人，理應感到高興，溝通起來也輕鬆自如，但往往並非如此，相反的，他們豎起一道極其微妙的牆。舉例來說，當一個西方人和一群尼泊爾人或藏人坐在一起時，他覺得和對方相處挺容易的。但假如又有一個西方人忽然加入，前面的那個會感到自己發生了一些變化。他會自動變得侷促不安，因為覺得另一個人了解他的底細而不自在。我說的對嗎？這都是因為我執所產生的驕

傲，因爲驕傲，便感到不自在。

　　一位瑜伽士，一個眞正接受過一段時間這種訓練的修行人，他的體驗則正好相反。對這樣一個人的描述是：

　　　　無論和誰在一起，常能自由和自在。

　　　　不論去到何方所，快樂之日普照耀。

　　一個眞正的修行人無論和誰在一起都不會緊張，這是因爲他將我執拋在腦後。我執的根源是無明、不覺，和覺知、本覺正好相反。

　　在三乘佛法中，上座部佛教試圖放棄和迴避煩惱，而菩薩道則試圖改變它們的方向，金剛乘的行者則將情緒轉爲道用。這是什麼意思？舉個例子來講，憤怒當然不是智慧，而是一種普通的、迷惑的心識狀態。然而在憤怒之中，其內在體性是本自俱足的覺知。行者應該通過立斷的見地體認到這個本質，這時他不再被憤怒帶走的機會就來了。無論發生什麼事情，生起任何情緒，他需要去體認和維持的僅僅是本覺自身。

說到以果爲道，不要去想：「願我在未來世獲得證悟！」或者「願我在臨命終時獲得證悟！」又或者「願我在中陰階段獲得證悟！」。這裡的修持是，就在這一瞬間，直接面對三身的體現——心的本質。

　　我們有兩個選擇：覺知或不覺。如果繼續不覺，就會不斷創造三界輪迴。遠離煩惱的不二覺知，本覺，則正好相反。大手印和大圓滿修持的特殊功德，在於通過對本然覺性或平常心的體認，在當下這一瞬間就能超越輪迴。這是和其他修持截然不同的獨特之處，叫做「以果爲道」。不再寄希望於或者說瞄準未來某一天的另一個果位，行者在當下的這一瞬間就以果爲道。

　　假如我們不知出於什麼原因，得以體認覺醒狀態，而且這種狀態能夠立馬不間斷的保持下去沒有停頓，就什麼也不用修持了。但是抱歉，這種事情不會發生在初學者身上。即使你是一位修行者，你也會生起各種各樣的念頭和情緒。有時候充滿了虔敬，有時候又被憤怒徹底帶走；有時候非常精進，有時候又感到膩煩，完全受夠了。各種各樣的狀況都可能發生。這是由於我執的習性，將事物執以爲實，執以爲

常。唯一真正能對治這個問題的就是體認到抓取和執著的對立面——本覺，內在覺性。當我們再次體認到內在覺醒狀態的那一瞬間，導致一切問題的原因：我執，就會自動地立刻消失。

有時候我們修行會很精進，有時候又會覺得受夠了。除此而外，還會有肉體或精神的痛苦，比如感到抑鬱或沮喪，這些感受都來自於我執。如果能通過體認本初的覺性斬斷我執的根源，雖然疾病不會消失，但痛苦會大大減弱。

增上的修持

就像我之前所說過的，還可以通過「增上的修持」和技巧來取得進展：對自己根本上師的虔敬心、思維無常、培養慈悲心、生起次第和圓滿次第有相及無相的修持都屬於增上的修持——這些既重要又必須。

說到對上師的虔敬心，最真實究竟的祈請就是讓自己的心和上師的證悟心無二無別，這是最究竟的祈請方式，又叫做「領受真實的加持」。

思維無常又怎麼成了增上的修持呢？你也許覺得自己早

已懂得諸行無常的道理，那為什麼又需要如此思維呢？萬事萬物當然都是無常，包括我們的肉身。如果將我們自己和我面前這張餐巾紙相比較，餐巾紙可能比我們的身體、我們的壽命還要長久。這張紙可以輕易地存續上百年，甚至是五百年，而這個身體絕對不可能。你也許會覺得這一小張紙很容易就被裁剪、折疊、撕碎或燒掉，但其實自己的身體才更脆弱。了解這一點，你就會意識到沒有時間來浪費，此生實際上是非常短暫的。有了這樣的體會，就能以更大的熱忱投入修持。

有兩個經典的譬喻來描述發自內心地認識到無常的實相後的感受。譬喻之一是一個發現蛇爬到腿上的膽小鬼；另一個是漂亮又愛美的女孩發現自己頭髮著了火，兩個人都不敢耽擱片刻功夫。膽小鬼當然會被蛇嚇壞，馬上就會想盡辦法躲開這條蛇；愛漂亮的女孩子，看到自己頭髮上的火焰，會放下手頭的一切，一心一意的把火滅了。對於無常的真正敏銳了知會讓你的心如此專心致志。

培養慈悲心指的是行持菩薩行，首先修自他平等，然後修自他交換，最後將他人看得比自己更重要。如果心中真的

充滿了慈悲，就不可能被執著和憤怒抓走。慈悲心有許多利益。它是證悟空性、避免偏私的助力。偏私指的是對他人的評判，或者覺得某一個人比另一個更親近。如果這世上的每個人都發展出慈悲心，就不會有任何戰爭，發生衝突和爭端的基礎不見了，又怎麼可能有戰爭呢？任何爭鬥都會是場遊戲，毋過於此。

　　生起次第和圓滿次第有相及無相的修持，簡單來說，就是將自己的身體當作本尊，將聲音當作咒語，將心念當作三摩地。這些不同的修持只不過是讓我們快速進入心之體性的訓練的方法和技巧。

　　比如說，如果你急著要趕去另一個國家，你可以直接跳進一輛等著你的車子，直駛到機場，再跳上離埠的飛機，降落之後，馬上進入另一輛車，直奔目的地。你通過這樣的方式快速到達。但另一方面，你可能走出去時發現車子還沒準備好，也可能沒趕上飛機等等，令所有計畫泡湯，當然就不可能準時到達。和我們的雙腿、車子及飛機一樣，這些不同的修持法門不過是為了達成目標所用的方法。我們可以運用所有方法來獲得快速的進展。

作為初學者，要區分座上和座下，在禪修和後得中不斷練習。當你坐下來開始一座修持，應當僅僅維持覺知的本來面目。下座之後，行走之間，應當將一切事物看作如夢如幻。這種訓練能帶來難以置信的好處。即便晚上睡覺時，應該試著練習「夢瑜伽」，倘若做不到，也可以懷著慈悲心和虔敬心，以及利他的心態入睡，千萬要避免帶著憤怒、傲慢和競爭的感受入睡。

同樣的，臨命終時，我們的心識狀態也至關緊要。到了那個時候，最好你已經是一個對悲空雙運、中觀、大手印和大圓滿的見地深感興趣或實際修持的人，那麼臨死之際就可以修持這些法門。一定要避免在憤怒的狀態中，或者帶著負面的想法離開這個世界。臨命終時的善念能幫助我們有一個好的投生，惡念則會給中陰階段以及隨之而來的投生帶來許多痛苦和折磨。

也許你已經體認到見地，並對真實無虛的本覺狀態有所瞥見。然而，除非你去實修，維持它的連續性，就不會有太大幫助。因此請帶著意樂精進修持。

四法印的要義

這本書的主題是四法印。第一法印是諸行無常。我介紹了為什麼這個世界上一切粗重的事物都是無常；為什麼我們自己，我們的身體、壽命等等也是無常；以及為什麼念頭和情緒亦無常。一切事物都是無常，但這不代表有一個叫做無常的「東西」，真的，你無法在任何具體的地方找到無常的東西，也找不到無常本身，它是無法辨認的。通過這樣的檢視，你就遇見了空性，你就理解了空性。當你對無常真的瞭然於心，你就會對佛法產生濃厚的興趣；你會投身於實修，發掘出信心和虔敬心。這是第一法印的教導。

第二個法印說的是有漏皆苦。換句話說，哪裡有心的貪瞋痴三毒，就一定會造作惡業，導致相應的痛苦。有漏這個詞，指的是「陷入墮落或遷轉」，它有一種心中抓取的感覺，和煩惱及二元執著相聯繫。比方說，在佈施的行為中，你懷有佈施者與所施物、被施者以及佈施行為的概念，這樣的善行就叫做「有漏功德」。所有有漏的狀態都有痛苦，也就是說，和業力煩惱的牽扯都是痛苦的。

第三個法印說「諸法空而無我」。在討論這一點時，我梳理了佛法四部宗見的主要觀點，尤其是大手印和大圓滿的見地。

現在來到了第四個法印「涅槃寂靜」。這裡所說的涅槃狀態是超越戲論的佛心，法身。當你登上了亙古不變的法身堡壘，就能毫不費力的掌握另外兩種色身：報身和化身。報身是一種純淨的光，以三十二相八十隨行好為莊嚴，初地到十地以上的菩薩能夠看見，報身佛在不間斷的開示佛法。

這種「無住涅槃」、全知的佛果，完全遠離業力的四種蓋障、煩惱、習性和所知障，取捨的促動已經窮盡，與此同時，兩種無上智慧「如所有智」和「盡所有智」完全圓滿，還能同時具足其他不可思議的功德特質。

在真實圓滿的證悟中，四魔已經完全調伏。四魔指的是蘊魔、煩惱魔、死魔和天子魔。天子魔指的是沈溺於妙欲以及靈性修持的拖延症。

佛陀是全知的，對此的描述是他具有同時清晰鮮明地了知三時一切事的大能。這種全知的智慧不是由演繹和推論而來，而是對於概念心來說不可思議、無法理解的直接認知。

在獲得圓滿證悟後，佛陀的事業具足「無礙」和「不變」兩

種功德。舉例來說，佛陀可以化現爲眾生的導師，可以同時

在十億國土化現爲十億不同的導師，來指引成千上百億的有

情眾生。這是佛的色身的第二種，稱爲化身。通常說到四種

化身：殊勝化身、受生化身、工巧化身和隨類化身。在證入

佛位後，佛陀的唯一勤行就是引導無量有情眾生入解脫之道

並圓成佛果。

　　涅槃寂靜這個用語也可以馬上適用於你當下心的狀態。

當你體認到心之本性的那一刻，並維持其連續性，就沒有任

何迷惑的體驗。在那一刻難道不是不再有二元抓取、不再有

業力煩惱了嗎？換句話說，在那一刻找不到評判取捨的概念

框架。此刻有眞正的寂靜與涅槃無二。你不同意嗎？

　　但可惜的是，這種寂靜只能保持一小會兒，因此佛果的

內在功德沒有機會完全展現。至於「完全證悟的狀態所具備

的二重智慧」，見到心之本質的那一瞬間肯定是具備「如所

有智」的，然而，還不能說眞實具備了「盡所有智」。僅僅

因爲對心之體性有了驚鴻一瞥，可不能說自己就是遍知的，

對吧？因此，只有圓滿了「如所有智」和「盡所有智」，才

真正算得上「涅槃寂靜」。

重申一遍，一般來說在佛法中，獲證涅槃的意思是煩惱、二元執著以及習性的完全窮盡，永遠消失。然而金剛乘再加上一條，在那一刻，以上所述的二重智慧「以本自俱足的方式無礙展現」。此二重智慧被解釋為一體兩面：對於所能顯現的萬法——認知和明辨的智慧，完全無礙的並存於對萬法之體性的如是了知中。通過這種方式，全然而真實的覺醒狀態被形容為「無拘無束任運自現的二重智慧」。正是基於這個圓滿的基本準則，金剛乘常說為利益自身而證悟的佛之法身和為利益他人而展現的佛之色身。

涅槃寂靜可以從不同層面來理解。一個層面指的是迷惑體驗的永恆寂滅和最終窮盡，對於業力煩惱，取捨愛憎（對快樂的執著和痛苦的憎惡）的決定無誤的全然超越。在這種狀態下，我們日常所經驗的安樂和痛苦不過是轉瞬即逝，心念所成的分別計度。在此共通的說法之上，金剛乘提出「具足一切殊勝，與不變大樂不二的空性」，這是甚深金剛乘教法對「涅槃寂靜」的理解，一種更深層次的表述。在共通的佛法中，涅槃僅指煩惱波濤的完全平息，心安住於廣大的寂

靜狀態，這個表述不能稱爲甚深。

實修是獲得進展最有效的途徑

　　對於以上甚深表述的詳細解說，金剛乘提到了佛的四身和五智，智慧體驗不可思議的展現。你可以在《文殊眞實名經》中找到詳盡的介紹，包括佛土博大精深的廣闊景象。有關圓滿證悟狀態的功德特質的描述，可謂說之不盡：包括佛陀金剛身的功德、金剛語的功德、金剛意的功德，以及佛陀的功德事業。眞的需要講很久時間！

　　作爲結語，我想補充一下我多年弘法所獲得的印象：許許多多的外國人對佛法具有濃厚的興趣，爲此我眞的非常非常高興。但別忘了，光有興趣學習教理還不夠，佛法的眞正目的是一種對治的良方，用來抵抗人們的煩惱和迷惑。換句話說，你必須將之深植於心並運用於實際的修持。如果你能夠這麼做，將教法當作良藥，這本來就是它們的作用，你的靈性修持就具有眞實的意義。因此，請用它來修持，請運用這些教法。我指的不僅僅是我的教授，還有許多你可以去跟隨學習的大德。盡你所能的去多學習，弄清楚它們的內容，

獲得某種確定。你也應該去學習不同典籍，近年來佛陀和祖師們所給予的許多開示都已經被翻譯成英文和其他語言。學習和思維這些典籍究竟在說些什麼，如果有不清楚的地方，去向懂得的人求教，釐清這些問題。思維和修持教法是獲得進展最有效的途徑。在很短的一段時間你就可以真正學到許多東西。請這樣去做。

最後要補充說明的是，出版此書的目的是為了世界和平、平息疾病、戰禍和其他令人不欲的事情。請大家秉持友愛和合作的精神，彼此慈悲互助。我祈願一切有情眾生得以證悟內在的善良之心，訓練高尚的心態和祥和的舉止。願你能根除所有的過失，證悟自身本俱的空性的自然狀態，生起真實無虛的利益他人的菩提心——證悟之心，並由此獲得解脫和無上寶貴的全知佛果。願一切吉祥圓滿！

鳴謝（英譯者）

　　和之前所出版的其他書一樣，沒有佛友們的慈悲、才幹和慷慨幫助，這本譯作就不能得以問世。特別感謝 Daine Harrington、Robin 和 S. Lhama 的謄打工作；Kerry Moran 精彩的編輯，以及 Ian Saude 和 Michael Tweed 的細緻校對。願這些努力能令碓吉尼瑪仁波切的壽命增長，事業廣大增勝，並加速怙主祖古烏金仁波切的轉世，並能利益無量廣大的眾生！

英譯者：

Erik & Marcia Schmidt

千佛寺——
一份吉祥的真、善、美福報

　　位於尼泊爾南部的藍毗尼，是悉達多太子的誕生祥地。悉達多太子證道後，世人尊稱他為「釋迦牟尼佛」。釋迦牟尼佛是現今賢劫千佛中的第四尊佛，而藍毗尼則是賢劫千佛的共同誕生地。藍毗尼是佛教的發源地，也是佛教徒最為重要的朝聖地之一。一九九七年，藍毗尼被聯合國教科文組織認證為「世界文化遺產」之一。

　　二十世紀藏傳佛教著名的禪修大師——至尊祖古·烏金仁波切在涅槃的前一年，對兒子確吉·尼瑪仁波切道出遺願：如果能在藍毗尼建一所大寺院，就實在是太殊勝了。

　　在確吉·尼瑪仁波切的親自督導之下，「帕爾土登謝珠林寺」、又名「千佛寺」，於二〇〇九年開始興建。寺院所在位置距離釋迦牟尼佛誕生地不到一公里。這座為後代萬世佛子所設立的珍貴道場，將成為未來聞思與修行佛法的重要法座。

千佛寺的設計採用傳統藏傳佛教風格，五層樓高的結構反映了佛陀悟道的三身。第一層將供奉三尊大佛，各有七點六公尺高，代表了過去、現在和未來的三世佛，同時還將供奉一千尊四十六公分高的佛像，代表了現今賢劫的千佛。第二層將供奉大悲觀世音菩薩以及八大菩薩；第三層將供奉阿彌陀佛，以及一間設有收藏巴利文、梵文、藏文、中文、蒙古文以及其他語文的佛教典籍的圖書館。同時，還有十六羅漢，二十一度母以及蓮花生大士的聖像也將供奉寺中。

如今，千佛寺的建設仍在如火如荼地進行中。在歷經二〇一五年尼泊爾大地震等種種艱辛考驗之後，在世界各國善心人士的大力護持之下，目前寺院主體結構已經全部完成，現正進入內部裝修與裝飾階段，並預計於二〇二一年竣工。

千佛寺建成之後，將會極大利益到前去藍毗尼參訪的每一位信眾和遊客——在千佛寺做一個頂禮，即向賢劫千佛頂禮；在千佛寺供養一枝鮮花，即向賢劫千佛供花……，如此所積聚的福德利益是無法估量的。

因此，確吉·尼瑪仁波切總是提醒信眾：「建造千佛寺，不是為了你，也不是為了我，而是為了大眾，為了這個世界以及世世代代的後人。」

現在，我們誠邀您與所有善心人士一起，共同為千佛寺的建設作出貢獻。參與護持建造佛陀之身、語、意的象徵，將有助於我們實現此生的願望，並在我們的心中播下解脫的種子。

您願意與我們齊心協力建成這座殊勝的千佛寺嗎？

- 參與護持千佛寺的建設，請瀏覽以下網站：
www.dharmasunasia.org

- 聯繫郵箱：1000buddhatemple@dharmasunasia.org

橡樹林文化 ❖❖ 蓮師文集系列 ❖❖ 書目

JA0001	空行法教	伊喜·措嘉佛母輯錄付藏	260 元
JA0002	蓮師傳	伊喜·措嘉記錄撰寫	380 元
JA0003	蓮師心要建言	艾瑞克·貝瑪·昆桑◎藏譯英	350 元
JA0004	白蓮花	蔣貢米龐仁波切◎著	260 元
JA0005	松嶺寶藏	蓮花生大士◎著	330 元
JA0006	自然解脫	蓮花生大士◎著	400 元
JA0007/8	智慧之光 1/2	根本文◎蓮花生大士／釋論◎蔣貢·康楚	799 元
JA0009	障礙遍除：蓮師心要修持	蓮花生大士◎著	450 元

橡樹林文化 ❖❖ 朝聖系列 ❖❖ 書目

JK0001	五台山與大圓滿：文殊道場朝聖指南	菩提洲◎著	500 元
JK0002	蓮師在西藏：大藏區蓮師聖地巡禮	邱常梵◎著	700 元
JK0003	觀音在西藏：遇見世間最美麗的佛菩薩	邱常梵◎著	700 元

橡樹林文化 ❖❖ 圖解佛學系列 ❖❖ 書目

| JL0001 | 圖解西藏生死書 | 張宏實◎著 | 420 元 |
| JL0002 | 圖解佛教八識 | 洪朝吉◎著 | 260 元 |

橡樹林文化 ❖❖ 成就者傳紀系列 ❖❖ 書目

JS0001	惹瓊巴傳	堪千創古仁波切◎著	260 元
JS0002	曼達拉娃佛母傳	喇嘛卻南、桑傑‧康卓◎英譯	350 元
JS0003	伊喜‧措嘉佛母傳	嘉華‧蔣秋、南開‧寧波◎伏藏書錄	400 元
JS0004	無畏金剛智光：怙主敦珠仁波切的生平與傳奇	堪布才旺‧董嘉仁波切◎著	400 元
JS0005	珍稀寶庫——薩迦總巴創派宗師貢嘎南嘉傳	嘉敦‧強秋旺嘉◎著	350 元
JS0006	帝洛巴傳	堪千創古仁波切◎著	260 元
JS0007	南懷瑾的最後 100 天	王國平◎著	380 元
JS0008	偉大的不丹傳奇‧五大伏藏王之一 貝瑪林巴之生平與伏藏教法	貝瑪林巴◎取藏	450 元
JS0009	噶舉三祖師：馬爾巴傳	堪千創古仁波切◎著	300 元
JS0010	噶舉三祖師：密勒日巴傳	堪千創古仁波切◎著	280 元
JS0011	噶舉三祖師：岡波巴傳	堪千創古仁波切◎著	280 元
JS0012	法界遍智全知法王——龍欽巴傳	蔣巴‧麥堪哲‧史都爾◎著	380 元
JS0013	藏傳佛法最受歡迎的聖者—— 瘋聖竹巴袞列傳奇生平與道歌	格西札浦根敦仁欽◎藏文彙編	380 元
JS0014	大成就者傳奇：54 位密續大師的悟道故事	凱斯‧道曼◎英譯	500 元

善知識系列　JB0140

生命的實相——以四法印契入金剛乘的本覺修持
Indisputable Truth

作　　　者／確吉・尼瑪仁波切（Chökyi Nyima Rinpoche）
中 譯 者／虛空鏡影（Tracy Tan）
責 任 編 輯／游璧如
業　　　務／顏宏紋

總 編 輯／張嘉芳
出　　　版／橡樹林文化
　　　　　　城邦文化事業股份有限公司
　　　　　　104 台北市民生東路二段 141 號 5 樓
　　　　　　電話：(02)2500-7696　傳眞：(02)2500-1951
發　　　行／英屬蓋曼群島商家庭傳媒股份有限公司城邦分公司
　　　　　　104 台北市中山區民生東路二段 141 號 2 樓
　　　　　　客服服務專線：(02)25007718；25001991
　　　　　　24 小時傳眞專線：(02)25001990；25001991
　　　　　　服務時間：週一至週五上午 09:30～12:00；下午 13:30～17:00
　　　　　　劃撥帳號：19863813　戶名：書虫股份有限公司
　　　　　　讀者服務信箱：service@readingclub.com.tw
香港發行所／城邦（香港）出版集團有限公司
　　　　　　香港灣仔駱克道 193 號東超商業中心 1 樓
　　　　　　電話：(852)25086231　傳眞：(852)25789337
　　　　　　Email：hkcite@biznetvigator.com
馬新發行所／城邦（馬新）出版集團【Cité (M) Sdn.Bhd. (458372 U)】
　　　　　　41, Jalan Radin Anum, Bandar Baru Sri Petaling,
　　　　　　57000 Kuala Lumpur, Malaysia.
　　　　　　電話：(603) 90578822　傳眞：(603) 90576622
　　　　　　Email：cite@cite.com.my

內頁排版／歐陽碧智
封面設計／塵世設計
印　　刷／韋懋實業有限公司

初版一刷／2019 年 12 月
ISBN／978-986-9854-80-1
定價／360 元

城邦讀書花園
www.cite.com.tw

國家圖書館出版品預行編目（CIP）資料

生命的實相：以四法印契入金剛乘的本覺修持 /
確吉・尼瑪仁波切（Chökyi Nyima Rinpoche）；
艾瑞克・貝瑪・昆桑（Erik Pema Kunsang）英
譯；虛空鏡影中譯 .-- 初版 .-- 臺北市：橡樹林
文化，城邦文化出版：家庭傳媒城邦分公司發
行，2019.12
　　面；　公分 .-- （善知識；JB0140）
　　譯自：Indisputable truth
　　ISBN 978-986-98548-0-1（平裝）

1. 藏傳佛教　2. 佛教修持

226.965　　　　　　　　　　　　　108020413

104 台北市中山區民生東路二段 141 號 5 樓

城邦文化事業股份有限公司

橡樹林出版事業部　收

請沿虛線剪下對折裝訂寄回，謝謝！

|橡|樹|林|

書名：生命的實相──以四法印契入金剛乘的本覺修持　書號：JB0140

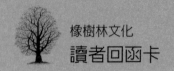

橡樹林文化
讀者回函卡

感謝您對橡樹出版社之支持，請將您的建議提供給我們參考與改進；請別忘了給我們一些鼓勵，我們會更加努力，出版好書與您結緣。

姓名：＿＿＿＿＿＿＿＿＿　□女　□男　　生日：西元＿＿＿＿＿年

Email：＿＿＿＿＿＿＿＿＿＿＿＿＿＿＿＿＿＿＿＿＿＿＿＿＿＿＿＿

● 您從何處知道此書？

　□書店　□書訊　□書評　□報紙　□廣播　□網路　□廣告 DM

　□親友介紹　□橡樹林電子報　□其他＿＿＿＿＿＿＿＿＿＿

● 您以何種方式購買本書？

　□誠品書店　□誠品網路書店　□金石堂書店　□金石堂網路書店

　□博客來網路書店　□其他＿＿＿＿＿＿＿＿＿

● 您希望我們未來出版哪一種主題的書？（可複選）

　□佛法生活應用　□教理　□實修法門介紹　□大師開示　□大師傳記

　□佛教圖解百科　□其他＿＿＿＿＿＿＿＿＿

● 您對本書的建議：

＿＿＿＿＿＿＿＿＿＿＿＿＿＿＿＿＿＿＿＿＿＿＿＿＿＿＿＿＿＿＿＿

＿＿＿＿＿＿＿＿＿＿＿＿＿＿＿＿＿＿＿＿＿＿＿＿＿＿＿＿＿＿＿＿

＿＿＿＿＿＿＿＿＿＿＿＿＿＿＿＿＿＿＿＿＿＿＿＿＿＿＿＿＿＿＿＿

處理佛書的方式

　　佛書內含佛陀的法教，能令我們免於投生惡道，並且爲我們指出解脫之道。因此，我們應當對佛書恭敬，不將它放置於地上、座位或是走道上，也不應跨過。搬運佛書時，要妥善地包好、保護好。放置佛書時，應放在乾淨的高處，與其他一般的物品區分開來。

　　若是需要處理掉不用的佛書，就必須小心謹慎地將它們燒掉，而不是丟棄在垃圾堆當中。焚燒佛書前，最好先唸一段祈願文或是咒語，例如唵（OM）、啊（AH）、吽（HUNG），然後觀想被焚燒的佛書中的文字融入「啊」字，接著「啊」字融入你自身，之後才開始焚燒。

　　這些處理方式也同樣適用於佛教藝術品，以及其他宗教教法的文字記錄與藝術品。

ཨོཾ་ནི་ཤུ་ཙ་དྲུག་པ་འདི་དཔེ་ཆའི་ནང་དུ་བཞག་ན་དཔེ་ཆ་དེ་ཙེ་འདུར་
བགོམས་ཀྱང་ཉེས་པ་མི་འབྱུང་བར་འཇམ་དཔལ་རྩ་རྒྱུད་ལས་གསུངས་སོ། །

此咒置經書中　可滅誤跨之罪